HEYNE<

LISELOTTE PULVER

Dem Leben ins Gesicht gelacht

Erinnerungen

Gespräche mit Olaf Köhne
und Peter Käfferlein

WILHELM HEYNE VERLAG
MÜNCHEN

Die Verlagsgruppe Random House weist ausdrücklich darauf hin, dass im Text enthaltene externe Links vom Verlag nur bis zum Zeitpunkt der Buchveröffentlichung eingesehen werden konnten. Auf spätere Veränderungen hat der Verlag keinerlei Einfluss. Eine Haftung des Verlags für externe Links ist stets ausgeschlossen.

Verlagsgruppe Random House FSC® N001967

3. Auflage
Taschenbucherstausgabe 10/2017
Copyright © 2016 by Hoffmann und Campe Verlag, Hamburg
Der Wilhelm Heyne Verlag, München, ist ein Verlag der Verlagsgruppe
Random House GmbH, Neumarkter Straße 28, 81673 München
Umschlaggestaltung: Hauptmann & Kompanie, Werbeagentur Zürich,
unter Verwendung eines Fotos von © Biskup/laif
Satz: Dörlemann Satz, Lemförde
Druck und Bindung: CPI books GmbH, Leck
Printed in Germany

ISBN: 978-3-453-60449-0
www.heyne.de

Für meinen Sohn Marc-Tell

Was hülfe es dem Menschen, so er die ganze Welt gewönne und nähme doch Schaden an seiner Seele?

(Matthäus 16, 26)

Inhalt

13 Vorwort: Auf ein Eiskonfekt mit Lilo Pulver

15 Galoppierende Kühe oder Humor ist die Rettung

20 Umzug nach Bern: Es freut mich, wenn die Menschen mich erkennen

26 Ein Haus am See seit über fünfzig Jahren

28 Von Winnetou, Wilhelm Busch und Goethe: Denn ich wollte immer eine Tragödin sein

33 Die Eltern: Das Maß aller Dinge

39 Geschwisterbande

41 Nesthäkchen, Lausbub und ungeheurer Kobold: Eine glückliche Kindheit

46 Von Rumpelstilzchen zu Lord Pulver: Anfänge einer Karriere

57 Maximilian, Maria und ich

60 Eine öffentliche Eifersuchtsszene: Vom Theater zum Film

65 Als Vorbild habe ich mich nie gesehen

68 Wo alles anfing: Hamburg, meine Lieblingsstadt

71 In Paris habe ich mich nie verliebt …

77 Ich kann nicht mehr aus der Rolle fallen: Von Herausforderungen und Grenzen

81	Jean Gabin, der Superstar
89	Pferdestärken I: Von Menschen und Pferden
93	Pferdestärken II: Ohne Auto bin ich kein Mensch
102	Traumfabrik Hollywood: Erste Begegnungen
111	Post von Legenden: Heinz Rühmann und Gustaf Gründgens
121	Curd Jürgens, mein kritischer Geist
125	Weniger wäre manchmal mehr gewesen …
135	Die verpasste Chance: Abschied von Hollywood
141	Die Rollen meines Lebens
149	Hódmezővásárhelykutasipuszta
165	Billy Wilder und meine beste Parodie auf Sex
177	Begegnungen mit der Politik
181	Mein Freund Genscher
187	Perlen aus Tokio: Eine Asienreise
189	Gebrochene Herzen
195	Eine Kurzehe mit Hardy Krüger
199	Das muss Schicksal sein: Ehejahre
207	Der glücklichste Tag meines Lebens
211	Man verwechselt Sex und Liebe
215	Heuschnupfen mit Hallervorden
219	Und plötzlich waren Kinder mein Publikum
223	Es sollte immer perfekt sein!
231	Älterwerden hat auch seine schönen Seiten
234	Zufrieden bin ich mehrmals am Tag
245	Mélisande

247 Es war und ist ein glückliches Leben …

250 Aus der Patsche helfen

253 Superweiber: Die letzte Kinorolle

258 Alles dreimal … und bloß keine 13!

261 Filmographie

269 Nachweise

271 Danke

Vorwort
Auf ein Eiskonfekt mit Lilo Pulver

»Was macht eigentlich Lilo Pulver?«, fragen uns Freunde, Kollegen und Familie, als wir davon berichten, dass wir nach Bern fahren, um Liselotte Pulver in ihrer Schweizer Heimat zu treffen.

Seit Jahren lebt sie, einer der größten Stars des deutschen Kinos – mit dem wohl berühmtesten Lachen überhaupt –, sehr zurückgezogen in Bern und zeigt sich nur noch selten in der Öffentlichkeit. Wie also stellen wir es an, die lebende Legende dafür zu gewinnen, an diesem Buch mitzuwirken?

Durch unsere Arbeit beim Fernsehen kennen wir Lilo Pulver schon lange, doch letzten Endes ist es auch Corinne Pulver, ihre Schwester, die uns den Weg ebnet und ein Treffen möglich macht. Es werden Termine vereinbart – und wieder verschoben. Und das nicht nur einmal. Lilo Pulver ist, wie sie uns später auch lachend gestehen wird, berühmt-berüchtigt dafür, sich nicht entscheiden oder festlegen zu können.

Doch schließlich ist es so weit: An einem regnerischen Nachmittag treffen wir uns in einer noblen Altersresidenz am Rande Berns, die mittlerweile ihr Lebensmittelpunkt ist. Wir erleben eine blendend aussehende, vor Charme und Witz sprühende Liselotte Pulver. Warum bloß, fragen wir uns, macht sie sich so rar?

Es folgen unvergessliche Nachmittage mit Lilo Pulver.

Für ganze Generationen war und ist sie Vorbild und Idol. Sie, in die als Piroschka manch einer sich unsterblich verliebte; die in *Kohlhiesels Töchter* so herrlich davon sang, dass jedes Töpfchen sein Deckelchen findet; die für Billy Wilder als Monroe-Parodie in der Ost-West-Satire *Eins, zwei, drei* einen legendären Tanz auf einem Tisch hinlegte; die als die Lilo aus der *Sesamstraße* plötzlich zur Heldin von Kindern wurde; die immer ein Star zum Anfassen war und gleichzeitig glamourös und unerreichbar, sie entführt uns in ihre Welt, in ihre große Zeit und in ihr Heute.

Bei Kaffee und Schweizer Eiskonfekt sprechen wir über galoppierende Kühe und rosarote Wolken, über beste Freunde und die wahre Liebe, über die Tragik des Lebens und über den Hang zum Perfektionismus, den sich Lilo Pulver übrigens bis heute bewahrt hat.

Peter Käff erlein und Olaf Köhne

Galoppierende Kühe oder
Humor ist die Rettung

Sie wollen also von mir wissen, was mich zum Lachen bringt, worüber ich so richtig herzhaft lachen kann? Das kann ich Ihnen sagen: Es sind die kleinen und unscheinbaren Momente im Alltag, die es überall zu entdecken gibt, wenn man nur richtig hinschaut, die mich amüsieren. Ich hatte immer einen ganz guten Blick für Dinge, die eine gewisse Komik haben. Ein Beispiel: Ich lache über galoppierende Kühe!

(Und in diesem Moment erschallt es – das berühmte, das ansteckende, das einzigartige Lilo-Pulver-Lachen!)

Ja, da wundern Sie sich jetzt vielleicht! Aber ich kann Ihnen das mit den Kühen ganz schnell erklären: Ich gehe jeden Tag spazieren, das ist ein festes Ritual für mich. Bei jedem Wetter und zu jeder Jahreszeit drehe ich meine Runden. Und wenn ich auf einer Weide beobachte, wie eine ganze Herde von Kühen ins Galoppieren kommt, wenn man ihnen zum Beispiel Futter oder Wasser bringt, dann sieht das einfach irrsinnig komisch aus. Ich bin mir sicher, das ist Ihnen auch schon einmal aufgefallen. Kühe können nicht galoppieren, tun's trotzdem und wirken dabei so herrlich ungeschickt! Und wenn ich das beobachte, muss ich einfach lachen.

Es ist nicht so, dass ich dann lauthals lachend an der Weide stehe, sodass die Leute mich für verrückt halten würden, aber ich lache still in mich hinein. Ich habe immer für mein Leben gern gelacht, das muss wohl angeboren sein. Lauthals zu lachen hat etwas ungemein Befreiendes, Belebendes – und am allerschönsten ist es, gemeinsam zu lachen.

Wann wurde eigentlich Ihr Lachen zu Ihrem Markenzeichen, an das jeder sofort denkt, der Ihren Namen hört?

Das war nicht meine Idee. Mein Lachen hat irgendwann jemand herausgestellt, dann schrieb die Presse darüber und erklärte es zu meinem sogenannten »Markenzeichen«, eben weil ich wirklich viel und gern gelacht habe. Und zwar mit und ohne Grund! So hat es sich jedenfalls eingebürgert. Ich möchte mich aber gar nicht beschweren. Da nun jeder Schauspieler irgendein Markenzeichen haben muss, ist das Lachen doch ein sehr schönes – und viel besser, als wäre man fürs Granteln berühmt. Wobei ich übrigens nicht der Meinung bin, dass ich mehr und lauter lache als andere Menschen.

Humor spielte bei uns Pulvers immer eine große Rolle. Es wurde viel gelacht zu Hause in Bern. Als wir noch Kinder waren, meine beiden älteren Geschwister und ich, ging es am Tisch oft hoch her. Meinem Vater wurde das manchmal fast ein bisschen zu viel, wenn er nach einem anstrengenden Arbeitstag seine Ruhe haben oder im Radio die Nachrichten hören wollte. Da musste er schon das eine oder andere Mal auf den Tisch hauen. Bei uns war immer was los.

Und später, am Theater und beim Film, hat sich das fortgesetzt. Ich war häufig für allerlei Unsinn hinter den Kulissen verantwortlich, gerade und vor allem an sehr langen Drehtagen, wenn es dauerte und dauerte, bis endlich eingeleuchtet war und wir eine Szene probieren konnten. Und in der Zwischenzeit haben wir, die Kollegen, die Regisseure, uns

Geschichten erzählt und amüsiert. Ganz zu Anfang meiner Schauspielkarriere, im Jahr 1949, kam es zu folgender Situation: Man hatte mich zu einem Vorsprechen ans Schauspielhaus Zürich eingeladen, immerhin eine der bedeutendsten deutschsprachigen Bühnen. Das Vorsprechen war erfolgreich, und ich wurde auf Anhieb engagiert, gleich für zwei Rollen im *Faust II*. Für den Euphorion und für einen Wagenlenker. Beides waren Knabenrollen.

Dieses Engagement war für mich nicht nur eine riesige Chance, sondern auch eine enorme Herausforderung, die ich erst einmal schaffen musste. Dem Ensemble gehörten damals große Schauspieler wie Will Quadflieg und Gustav Knuth an – allein diese Namen haben einem eine gehörige Portion Respekt eingeflößt. Die Regie bei *Faust II* führte der legendäre Leonard Steckel, auch Stecki genannt, mit dem ich später noch mehrfach gearbeitet habe und den ich sehr mochte. Er wurde gleichermaßen geachtet und verehrt wie auch gefürchtet – wegen seiner impulsiven Art und seiner berüchtigten cholerischen Ausbrüche. Bei den Proben hat Steckel manchmal an uns Darstellern so heftig herumkorrigiert, als ritte ihn der Teufel. Nichts war ihm recht, und ich – noch ganz jung und unerfahren – hatte manchmal ein wenig Mühe damit, seine Korrekturen und Vorstellungen bei den Theaterproben immer sofort umzusetzen. Und da passierte es einmal, dass Steckel während der Probe aus dem Zuschauerraum des Schauspielhauses zu mir hinauf auf die Bühne brüllte: »Nun merken Sie sich das endlich mal, Sie Arschloch! Es ist ein Wahnsinn, dass man Sie genommen hat!«

Daraufhin herrschte erst einmal ein betretenes Schweigen

im ganzen Saal und niemand traute sich, einen Mucks zu machen. Ich aber marschierte bis zur Rampe der Bühne und sagte seelenruhig zu Steckel: »Zu meinem Arschloch können Sie ruhig du sagen!«

Können Sie sich das vorstellen? Der Steckel hat einen so heftigen Lachanfall bekommen, dass er fast vom Stuhl gefallen wäre. Dabei hatte ich das überhaupt nicht als Witz gemeint, mir war das in diesem Moment einfach spontan eingefallen. Aber diese Geschichte ist nur ein Beispiel, wie man mit Lachen ernste Situationen entspannen kann.

(Wieder lacht sie herzhaft.)

Ich habe es immer wahnsinnig genossen, wenn man über mich gelacht hat. Wenn im Theater brüllendes Gelächter losbrach, war das das Größte! Denn eines habe ich im Leben gelernt:

Humor ist die Rettung! Er ist der Rettungsanker für alles!

Man kann mit Humor auch tragische Momente überwinden, denn zum Glück ist es uns Menschen angeboren und steckt in uns allen, dass uns Humor und Lachen helfen, in schwierigen Zeiten die Kurve zu kriegen. Humor ist … wenn man trotzdem lacht – in diesem schlichten Satz steckt eine Menge Wahrheit. Ich glaube nicht, dass es Menschen gibt, die gar keinen Sinn für Humor haben. Wenn man etwas Witziges sagt, dann müssen sie alle lachen. Oder zumindest schmunzeln. Dass jemand dann ein böses Gesicht macht, ist mir nie untergekommen. Aber am liebsten sind mir diejenigen, die auf eine Pointe schlagfertig antworten können.

Auch ich habe mich in Zeiten persönlicher Krisen von meinen Problemen gerne ablenken lassen, indem ich mir zum Beispiel im Kino einen verrückten Film anschaute und dabei die Sorgen für eine Zeitlang vergessen und einfach wieder lachen konnte. Es braucht gar nicht viel dazu. Herrlich amüsieren konnte ich mich immer über die Filme von Louis de Funès, ich liebte diesen großartigen Schauspieler und Komödianten! Beinahe hätte ich einmal einen Film mit ihm gedreht: Ende der sechziger Jahre bekam ich das Angebot für eine Rolle im *Gendarm von St. Tropez.* Ich hätte die Ehefrau von de Funès spielen sollen. Doch ich lehnte damals ab, was ich hinterher sehr bedauert habe. Aber ich hatte keine Zeit, und hinzu kam, dass der Film ausgerechnet im Juni gedreht werden sollte, in dem Monat, in dem ich am schlimmsten unter meinem Heuschnupfen litt. Immerhin habe ich Louis de Funès einmal kurz getroffen, wir wurden einander in einem Atelier in Paris vorgestellt, wo ich zu tun hatte.

Stan Laurel und Oliver Hardy, *Dick & Doof,* fand ich auch immer zum Totlachen. Deren Humor liebe ich bis heute! Da kann es meinetwegen gar nicht wild genug zugehen. Oder Bud Abbott und Lou Costello, ein amerikanisches Komiker-Duo, das in den vierziger und fünfziger Jahren große Erfolge feierte. Auch den Humor von Clowns und ihre Kunst, ihn vorzutragen, mag ich sehr. Eine Reihe sehr berühmter Clowns kommt ja aus der Schweiz.

Von den heutigen Komödianten oder Comedians kenne ich nur wenige, was vor allem damit zu tun hat, dass ich kaum fernsehe. Wenn ich abends alleine bin, dann bin ich mit mir selbst beschäftigt, ich schreibe oder ich lese – der Fernseher jedenfalls bleibt meistens aus.

Umzug nach Bern: Es freut mich, wenn die Menschen mich erkennen

Zehn Jahre ist es mittlerweile her, dass ich mich dazu entschlossen habe, in eine Berner Altersresidenz zu ziehen. Ich werde oft gefragt, was mein Beweggrund dafür war, da ich doch gesund und fit bin und das wunderschöne Haus in Perroy besitze, direkt am Genfer See. Die Antwort ist eine ganz einfache, unemotionale und vernunftorientierte: Ich betrachte den Umzug nach Bern als eine Altersvorsorge, denn ich wollte mir eine Rückzugsmöglichkeit schaffen, einen Ort, wo ich auf niemanden angewiesen bin und weiterhin selbständig leben kann. Ich bin auch nicht die Erste in meiner Familie, die in dieser Einrichtung lebt. Schon meine Großmutter und auch mein Vater wohnten hier, nicht in demselben Gebäude, sondern im Hauptsitz unten in der Berner Innenstadt, nahe dem Hauptbahnhof. Es ist also auch eine Familientradition, hier seinen Lebensabend zu verbringen.

Es gab keinen Auslöser für den Umzug nach Bern, sondern es war ein langsamer Prozess, und die Idee dazu entstand nach und nach, als ich nach dem Tod meines Mannes allein war. Mein Sohn war schon lange von zu Hause fortgezogen und heiratete, war beruflich viel in der Welt unterwegs – und ich musste mich schrittweise neu organisieren. Ein solch großes Haus wie das in Perroy, das mit viel Arbeit

verbunden war, konnte und wollte ich nicht mehr alleine bewohnen.

Innerhalb meiner Altersresidenz bin ich im Laufe der vergangenen zehn Jahre immer wieder umgezogen und habe
die verschiedenen Wohnungsgrößen ausgetestet, aber in
dem Apartment, in dem ich jetzt bin, werde ich wohl bleiben.
Hier fühle ich mich wohl.

*Man sieht Sie fast nie auf Veranstaltungen ... Warum haben
Sie sich in den vergangenen Jahren so sehr aus der Öffentlichkeit zurückgezogen?*

Habe ich das? Dass ich hier in Bern sehr zurückgezogen lebe,
kann ich so nicht bestätigen. Tatsache ist, dass ich meinen
Beruf nicht mehr ausübe. Und kaum zu öffentlichen Veranstaltungen gehe. Zu Galas und Preisverleihungen werde
ich zwar regelmäßig eingeladen, aber ich sage fast immer
ab. Ich habe das alles gehabt, und es ist mir mittlerweile zu
anstrengend. Denn es ist schließlich nicht allein damit getan, zu einer Veranstaltung zu fahren – vorher muss ich zum
Friseur und zum Schminken, und die Garderobe muss aus-
wählt werden. Und dann steht man auf einer Party herum,
wo man am Ende vielleicht niemanden kennt. Kollegen von
früher zu treffen, ist hübsch, aber der Aufwand ist sehr groß.
Jeder guckt kritisch hin: »Wie sieht sie jetzt aus? Wie ist sie
frisiert? Was hat sie an ...?«

Von Rückzug kann auch nicht die Rede sein, weil die
Presse längst herausbekommen hat, wo ich wohne. Alle paar
Wochen stehen Journalisten vor der Tür, die mit mir sprechen möchten, und manchmal – selten! – gebe ich ihnen
ein Interview. Und den Fotografen sage ich, sie mögen doch

freundlicherweise etwas Abstand halten, alles etwas kleiner zeigen, wenn sie mich fotografieren wollen. So alt bin ich dann auch nicht, dass das nicht mehr geht. Mit über achtzig kann man schon von weitem noch ein Bild machen lassen. Wenn ich auf der Straße gelegentlich von Fremden angesprochen werde, fragen die meisten von ihnen nach einem Autogramm, sie grüßen freundlich, möchten mit mir ein paar Worte wechseln, mir die Hand geben. Es freut mich, wenn die Menschen mich erkennen. Und dann bekomme ich immer noch einiges an Fanpost, zum Teil sind es seitenlange Briefe, in denen Menschen mir ihre ganze Familiengeschichte und ihre Probleme anvertrauen. Ich habe gerade noch eine ganze Kiste voller Post, die ich beantworten müsste. Wenn Sie die sehen würden, dann würden Sie sagen, das kann man ja kaum bewältigen. Auch ohne jeden Tag vor der Kamera zu stehen, ist mein Tag ausgefüllt. Wenn ich eines praktisch nicht kenne, dann ist es Langeweile!

Wer meint, in meiner Altersresidenz sei ich der Paradiesvogel, der täuscht sich. Ich tauche hier unter, bin ein Teil der Gesellschaft. Es gibt immer wieder Mitbewohner und Angehörige, die mich auf meinen Beruf ansprechen, denn hier lebt schließlich die Generation, die alle meine Filme seit den fünfziger Jahren gesehen hat, aber es hält sich in Grenzen. Ich bin hier wirklich nichts Besonderes.

Wie erleben Sie die traurigen Momente, die das Leben in einem Altenheim mit sich bringt?

Im Laufe der zehn Jahre, die ich nun hier wohne, habe ich mich mit einigen der Bewohner angefreundet. Aber viele von ihnen sind leider schon gestorben. Es ist schwierig, dann wieder neue Freunde zu gewinnen. In einem Altenheim leben nun einmal alte Menschen, viele von ihnen krank und gebrechlich. Wenn ich für einige Zeit unterwegs gewesen bin, zu Hause in Perroy, und dann wiederkam, waren sie nicht mehr da. Solche Erfahrungen haben mir zu schaffen gemacht, gerade am Anfang, als ich einzogen bin und alles neu war für mich.

Auch ich mache mir natürlich meine Gedanken darüber, was passiert, wenn ich krank werde – und welche Krankheit könnte das sein? Ich habe keine Angst vor Demenz oder Parkinson, diese Leiden sind in unserer Familie zum Glück nie vorgekommen. Was natürlich aber keine Garantie ist. Ich versuche, den Gedanken an Krankheiten ein bisschen beiseite zu schieben. Ich erlebe hier Fälle, die wirklich tragisch sind, Menschen, denen man ansieht, wie krank sie sind, die gelähmt sind, die dement sind. Aber ich kann und will das nicht auf mich beziehen, und ich schaffe das auch auf meine Weise gut.

Es gibt einen regelrechten Sterbe-Tourismus in die Schweiz. Wie ist Ihre Haltung zur Sterbehilfe?

Verständnis habe ich *nicht* dafür! Das scheint mir so ein Sich-aus-dem-Leben-Schleichen, wofür ich kein Verständnis aufbringen kann. Meine Haltung ist ganz klar: Man muss, auch wenn man alt und krank ist, das Beste aus seiner Situation machen. Natürlich ist mir bewusst, dass es Momente im Leben gibt, in denen das nicht einfach ist – wenn Menschen sehr krank sind, wenn sie Schmerzen haben und Leiden ertragen müssen. Ich will mir kein Urteil über andere anmaßen, wie es ist, wenn man sehr krank ist und den Gedanken oder Wunsch hat, früher sterben zu wollen. Aber dennoch nein, es ist nicht vorgesehen, dass man sich umbringt. Zum Teil hat meine Einstellung auch mit der Religion zu tun und dass jeder Mensch mit seinem Schicksal leben muss und es auch meistens kann, zumindest muss man es versuchen.

Sind Sie sehr gläubig?

Ich bin ein religiöser Mensch, unsere Familie ist protestantisch, aber ich praktiziere meinen Glauben nicht streng oder täglich, indem ich in den Gottesdienst gehe. Ich bete jeden Abend und versuche vor allem, human zu leben – und irgendwie vertretbar! Manchmal muss man mit sich kämpfen, denn es kann mühsam sein, immer anständig zu leben. Ich spreche davon, anständig zu sein in jeder Beziehung! Das ist mir nicht immer gelungen, weil es über meine Kräfte gegangen wäre. Denn in manchen Situationen im Leben meldet sich der Selbsterhaltungstrieb und man tut Dinge einfach, um zu überleben.

Villa am Genfer See, 1970

Ein Haus am See seit über fünfzig Jahren

Heimat und Zuhause ist für mich noch immer unser Haus am Genfer See. Wir haben es 1962 gekauft, als ich gerade mein erstes Kind, unseren Sohn Marc-Tell, erwartete. Mein Mann Helmut und ich wollten uns ein neues gemeinsames Heim schaffen, da unser altes Haus in Nyon, was unweit von Perroy liegt, zu klein wurde. Nachdem wir das Haus in Perroy erworben hatten, richteten wir alles neu ein und veränderten vieles nach unseren Bedürfnissen. Anfangs war es nur ein kleines Häuschen, das wir im Laufe der Jahre haben umbauen lassen. Für dieses Geld hätte man glatt noch ein zweites Haus kaufen oder gleich ganz neu bauen können.

In der Altersresidenz in Bern habe ich anfangs nur ein paar Wochen im Jahr verbracht, dann wurden die Phasen länger und länger. Ich pendelte zwischen Bern und Perroy, bin immer selbst mit meinem Auto hin- und hergefahren. In Perroy habe ich dann meine Garderobe gewechselt, je nach Jahreszeit, blieb ein paar Wochen dort und kam wieder zurück nach Bern. Mein Aufenthaltsort ist also eine Frage der Garderobe: In Bern ist nicht genügend Platz für all meine Sachen. So mache ich regelmäßig meine kleinen Umzüge – mit Koffern, Schachteln und Taschen voller Kleider und Schuhe.

In Zukunft werde ich wahrscheinlich immer weniger Zeit am Genfer See verbringen, weil mein Sohn Marc-Tell im letzten Jahr sein Elternhaus übernommen hat und mit seiner Frau Kerstin dort eingezogen ist – und mit meinem Enkel Pascal, der aber nur wenig dort ist, weil er zurzeit studiert.

Das Haus zu verkaufen, in dem ich so viele wunderbare Jahre mit meinem Mann gelebt habe und in dem unsere Kinder aufgewachsen sind, wäre mir überaus schwer gefallen. Ich hätte das wohl nicht übers Herz gebracht! Die Vorstellung, dass Fremde in unserem Heim leben … nein, ich wollte es unbedingt für meinen Sohn erhalten. Umso glücklicher bin ich, dass das geklappt hat. Und vor allem, dass ich weiterhin eine kleine Wohnung im Haus habe und hinfahren kann, wann immer mir der Sinn danach steht.

In Perroy finden auch weiterhin unsere Familientreffen statt – mit Sohn, Schwiegertochter und Enkel; nur meine Schwester kommt nicht mehr so häufig, da sie nicht mehr viel reist, und mein Bruder ist leider kürzlich verstorben.

Von Winnetou, Wilhelm Busch und Goethe: Denn ich wollte immer eine Tragödin sein

Das Tagebuchschreiben hat mich mein Leben lang begleitet. Bis heute.

All meine Erinnerungen – meine Tagebücher, Drehbücher, Fotos, auch große Teile meiner Filmgarderoben – habe ich vor Jahren schon dem Deutschen Filminstitut in Frankfurt zur Archivierung und Aufbewahrung übergeben. Jahrzehntelang habe ich alles gesammelt – jeder Zeitungsartikel und jede Filmkritik wurden fein säuberlich ausgeschnitten und in Alben geklebt. Das musste alles seine Ordnung haben. Ich kann gar nicht sagen, wie wahnsinnig viel Material das ist.

Dadurch dass ich alles dem Filmmuseum gab, wollte ich verhindern, dass, wenn irgendwann womöglich doch einmal fremde Menschen in mein Haus am Genfer See einziehen, vieles weggeworfen und die mir wichtigen – und vielleicht für die Nachwelt interessanten – Dokumente und Erinnerungsstücke für immer verschwinden. Außerdem brauchen mein Sohn und seine Familie den Platz für sich. Und trotzdem steht dort noch so viel von mir herum. Allein die vielen Bücher, die ich in Bern nicht unterbringen kann …

Auch meine Tagebücher lagern also jetzt im Archiv des Filminstituts. Bevor ich mich von ihnen trennte, habe ich sie bearbeitet, unter dem Gesichtspunkt, was ich später einmal veröffentlicht sehen möchte und was für immer privat bleiben soll. Manche besonders missglückten Textpassagen habe ich extra stehen lassen, weil sie so komisch klingen.

Als ich vor Jahren meine Tagebücher erstmals wieder herausgekramt und darin gelesen habe, war das dramatisch: meine ganzen »Liebeskümmer«! Die habe ich bis ins letzte Detail geschildert. Was im Nachhinein natürlich unwichtig und lächerlich klingt. Aber geschrieben habe ich alles im Ernst – und es war irrsinnig komisch, das Geschriebene aus Kindheit und Jugend mit dem Abstand einer Erwachsenen zu lesen.

Seit ich zwölf Jahre alt bin, vertraue ich mich meinem Tagebuch an. Nicht regelmäßig, zwischendurch habe ich monatelang pausieren müssen, wenn mir wegen der Arbeit die Zeit zum Schreiben fehlte, später habe ich aber alles wieder aufgeholt. Heute ist es noch so, dass ich jeden Abend meine Gedanken über die Erlebnisse des Tages notiere, hauptsächlich handelt es sich um sehr private Angelegenheiten, aber auch um aktuelle Themen, mit denen sich jeder beschäftigt. Ich schreibe über Alltagsdinge und die ernsteren Fragen, über die ich nachdenke und die mich intensiv beschäftigen – was im Leben auch manchmal schiefgegangen ist und aus welchen Gründen, und wie ich damit zurande kam. Das Schreiben ist für mich eine Art Abreaktion vom Alltag. An manchen Tagen gibt es fast nichts zu schreiben, an anderen Tagen wiederum sehr viel.

Neben dem Schreiben habe ich immer schon wahnsinnig viel gelesen. Früher habe ich am liebsten nichts anderes getan, als mich ganze Tage in meine Bücher zu versenken. Das fing schon in der Kindheit an. Es gab ja nicht viel andere

Abwechslung. Fernsehen hatten wir nicht, und um ins Kino zu gehen, war ich zu klein. Also habe ich gelesen.

Mein Vater mochte die Geschichten von Wilhelm Busch sehr, und wir Kinder haben ihm, wenn er sich nachmittags ausruhte, daraus vorgelesen. Dann lag ich unter Vaters Schreibtisch und habe ihm die Erlebnisse von Max und Moritz und all diesen wunderbaren Figuren vorgetragen. Die komischsten Sachen mochte ich, wie immer, am liebsten. Zwangsläufig am besten gefiel mir die Fromme Helene! Auch, weil ich manchmal selber so aussah. Auf dem Kopf trug sie diesen Dutt, und sie stellte immer irgendwelche Streiche an. Wie ich! Eine phantastische Karikatur von Wilhelm Busch. Mein Mann hat mich später auch so genannt: Fromme Helene. Aus diesen Kindheitstagen und den Erinnerungen an Wilhelm Busch rührt immer noch meine Liebe zu Karikaturen.

Nach Karl May war ich als Kind regelrecht süchtig. Anstatt für die Schule zu lernen, habe ich Karl May gelesen, und wenn mein Bruder kam, um zu kontrollieren, ob ich meine Schularbeiten machte, fand er mich mit einem Buch auf den Knien. Old Shatterhand, Old Firehand, Old Surehand – die mochte ich, sie waren die Helden meiner Kindheit. Viele Jahre später erhielt ich einmal das Angebot, in einem Karl-May-Film mitzuspielen, und musste leider wegen anderer Engagements ablehnen. Für die Nscho-tschi oder die Apanatschi wäre ich eh zu blond gewesen!

Auch die Klassiker, von den Griechen bis Goethe, habe ich in jungen Jahren verschlungen, in einem Alter, als ich viel zu jung war, um diese Werke wirklich zu verstehen. Als ich sie mir später erneut vornahm – die *Ilias* und die *Odyssee* – haben sie mich auch deswegen fasziniert, weil ich sie am liebsten alle selbst spielen wollte. Diese Werke sind unglaublich gut geschrieben und dabei sehr spannend. Von den griechischen Stücken habe ich später keines auf die Bühne gebracht, aber viele andere Klassiker wie *Faust II*, *Das Käthchen von Heilbronn* oder auch *Kabale und Liebe*.

Heute lese ich am allerliebsten Sachbücher und Biographien. Die Lebensgeschichten von herausragenden Persönlichkeiten interessieren mich. Als Nächstes will ich die Autobiographie von Peter Ustinov lesen. Ich kannte ihn ein wenig, denn er wohnte in der Nähe, in einem Nachbardorf am Genfer See. Wir sahen uns ab und an. Zwar haben wir nie zusammen einen Film gedreht, aber er moderierte einmal eine Fernsehsendung, an der ich mitwirkte. Ustinov war eine Ausnahmeerscheinung!

Sind Sie eigentlich einmal an einer Rolle gescheitert?

Nein, das ist mir zum Glück nie passiert. Vielleicht war ich manchmal weniger gut, aber »geschafft« habe ich eine Rolle immer. Ich habe nie in diesen Kategorien was ist schwierig, was ist leicht gedacht. So habe ich meine Arbeit nie empfunden. Manche sagen ja, einen Film zu drehen sei leichter als auf einer Bühne vor Publikum zu spielen. So aber lassen sich Theaterarbeit und Filmarbeit nicht gegeneinander ausspielen. Es sind zwei ganz unterschiedliche Beschäftigungen. Nein, alle Rollen, ob Theater oder Kino, waren auf ihre Weise schwierig. Leicht gepackt habe ich die kleineren, also die Nebenrollen. Wenn ich aber einen Hauptpart übernahm, war er immer eine wirkliche Herausforderung. Es hat Rollen gegeben, die zu mir passten, und andere, die mir nicht ganz auf den Leib geschrieben waren. Ich habe Rollen gespielt, für die ich falsch besetzt war, und trotzdem habe ich sie übernommen, vor allem dann, wenn es Angebote für ernste Rollen waren. Anstatt besser in einer guten Komödie zu spielen.

Denn ich wollte immer eine Tragödin sein! Ich wollte die Leute zum Weinen bringen. Wenn ich früher im Schauspielhaus auf der Bühne stand, war es für mich ein Kriterium, ob die Zuschauer ihre Taschentücher herausholten. Dabei wollten die Leute am liebsten lachen, wenn sie mich gesehen haben.

Die Eltern: Das Maß aller Dinge

Meine Eltern waren das Maß aller Dinge. Sie sahen gut aus, sie waren klug, sie waren künstlerisch begabt. Meine Mutter Germaine hat gesungen, mein Vater Fritz Eugen hat gemalt. Beide waren sie meine Vorbilder.

Vater ist nur 74 Jahre alt geworden. Meine Mutter wurde stolze 96. Sie lebte zuletzt viele Jahre lang bei meiner Schwester Corinne und wurde mit viel Liebe gepflegt und behütet. Weshalb sie auch so alt werden konnte. Dennoch dachten wir, sie würde für immer bei uns sein, denn sie war stets *für uns* da gewesen – um zu reden, zu helfen, um sich unsere Sorgen und Nöte anzuhören. Als unsere Mutter 1997 starb, waren ihre letzten Worte »Löht mi jetz«. Ihr Tod war ein solch großer Verlust. Keiner kann eine Mutter ersetzen.

Ja, unsere Eltern waren für mich das Maß aller Dinge, und als ein solches empfinde ich auch meinen Bruder Buebi und meine Schwester Corinne.

Bei der Erziehung ihrer drei Kinder legten unsere Eltern großen Wert auf Ehrlichkeit, darauf, dass wir niemals lügen. Auch Fleiß und gute Noten in der Schule waren meinen Eltern wichtig, denn sie wollten, dass etwas »aus uns wurde«, wie man sagt. Wir sollten weiterkommen im Leben, etwas aus unserem Leben machen, wofür unsere Eltern die besten Voraussetzungen schaffen wollten. Corinne, Buebi Emanuel und ich mussten immer anständig angezogen sein. Aber im Großen und Ganzen haben unsere Eltern uns viele Freiheiten gelassen. Sie haben uns nicht in dem Sinne streng erzogen.

Ein wichtiges Ritual, das eingehalten werden musste, war jeden Abend das gemeinsame Familienessen. Papa ging morgens ins Büro, Mama versorgte den Haushalt oder ging in ihre Singstunde, wir Kinder waren in der Schule – und gemeinsam trafen wir uns alle beim Essen im Haus am Malerweg.

Unsere Familie – Vaters Seite und Mutters Seite – war eine sehr große und verzweigte. Alle Mitglieder zu benennen würde zu weit führen. Aber wir hatten keinen engen Kontakt zu all den Verwandten. Mein Vater wuchs mit zwei Schwestern bei seiner Mutter auf, da sein Vater schon früh gestorben war, genauso wie der Vater meiner Mutter. Sie wiederum hatte fünf Geschwister, die alle bei Pflegeeltern aufwuchsen – die genauen Gründe dafür kenne ich nicht. Mama kam in die Familie des Chefarztes des Inselspitals, sie hatte es also gut getroffen, es war eine gutsituierte Familie. Dennoch hat es sie sicherlich auch geprägt, ein Pflegekind gewesen zu sein.

Die verschiedenen Tanten – sowohl väterlicher- als auch mütterlicherseits – waren bei uns Kindern sehr beliebt, denn bei ihnen durften wir manchmal übernachten. Und was uns besonders gefiel: Die Schwester meiner Mutter hatte zwei Söhne, und mit diesen beiden Cousins stellten wir ständig irgendwelchen Unfug an, wenn wir bei ihnen zu Besuch waren. Die beiden Schwestern meines Vaters sahen wir zwar weniger häufig, doch bei unserer Großmutter väterlicherseits verbrachten wir jedes Jahr die großen Ferien. Großmutter bewohnte ein Anwesen am Genfer See, es trug den Namen Vieux Clos und war für uns Kinder ein wahres Paradies. Ich erinnere mich an traumhafte Sommer dort, ich liebte die Landschaft und die Gegend – und viele Jahre später zog ich schließlich selbst dorthin.

Wir hatten noch einen Großcousin, der erwähnenswert ist. Sein Name war Dr. Max Pulver, von Beruf war er Graphologe. Max galt als eine Berühmtheit, denn er lehrte an der Universität Zürich Graphologie und Psychologie, er schrieb Bücher über sein Fachgebiet, wie zum Beispiel eines mit dem Titel *Schrift – Charakter – Schicksal*. Zu der damaligen Zeit war er eine bekannte Persönlichkeit in der Schweiz. Für uns, die Familie, war Onkel Max eine Art Leitfigur, an der man sich orientieren konnte, wie weit man es in seinem Leben und im Beruf bringen kann. Später, als ich nach Zürich gezogen bin, habe ich Onkel Max oft gesehen.

Mein Vater war als Tiefbauingenieur beim Kanton Bern angestellt und bekam ein Beamtengehalt, das für den ganzen Haushalt – das Haus, Frau und drei Kinder – knapp bemessen war. Die Vorfahren meines Vaters hatten allesamt als Apotheker gearbeitet. Er war der Erste, der aus der Linie schlug. Sein Traum wäre es gewesen, von der Malerei zu leben. Aber diesen Traum konnte er sich nicht erfüllen, da es zu unsicher war, ob er mit der Malerei eine Familie hätte ernähren können. Stattdessen musste er studieren, musste er Geld verdienen. Vater hat unwahrscheinlich gut gemalt, kannte sich aus in der Malerei und mit Künstlern, er wusste immer über Ausstellungen Bescheid und hat uns mit seiner Leidenschaft angesteckt.

Was ich meinem Vater hoch anrechnen muss, ist, dass er uns Kindern eine gute Ausbildung ermöglichte, obwohl das Beamtengehalt keine großen Sprünge zuließ. Buebi studierte Agrarwissenschaften, meine Schwester machte erst ein Diplom in Graphik in Fribourg und ging danach an die Kunstakademie nach London. Und ich besuchte zunächst die Töchterhandelsschule in Bern und anschließend die Schauspielschule – all das musste bezahlt werden. Für einen Beamtenlohn war das schon ein bisschen viel. Aber unsere Eltern legten eben Wert darauf, dass wir eine gute Ausbildung erhielten.

Auch meine Mutter hatte eine künstlerische Ader. Sie hatte eine wunderbare Sopranstimme, eine unglaublich schöne Stimme. Als sie noch jung und ungebunden war, wäre sie gern ans Theater gegangen, aber dann heiratete sie meinen Vater und bekam uns drei Kinder. Die Zeiten damals waren noch nicht so, dass sie den Beruf als Sängerin ausüben und gleichzeitig zu Hause eine Familie hätte haben können. Mit meinem Vater wäre das auch nicht gegangen, es wäre ihm wohl nicht recht gewesen. Dazu kam die finanzielle Seite, man hätte eine Gouvernante engagieren müssen, wenn meine Mutter nicht immer da gewesen wäre, und dazu hätte das Geld gefehlt.

Auch meine Mutter konnte also ihren Traum von einem Leben für die Kunst nicht verwirklichen. Aber sie hat, parallel zu Haushaltsführung und Erziehung, weiterhin Gesangsstunden genommen, und manchmal hatte sie kleinere Auftritte. Auch wenn sie uns Kinder es nie hat spüren lassen, glaube ich, dass sie schon ein wenig darunter gelitten hat, nicht Sängerin geworden zu sein, gerade dann, wenn sie bei

Konzerten, die sie im kleinen Rahmen gab, einen großen Erfolg feierte. Wie sie aber all das bewältigte und gleichzeitig immer voller Energie und Freude war, dafür bewundere ich meine Mutter sehr. Aus tiefstem Herzen.

Liselotte Pulver mit ihrer Schwester Corinne, 1952

Geschwisterbande

Sie sind meine besten Freunde!

Wir Pulver-Geschwister – Corinne, Buebi und ich – hatten immer ein außergewöhnlich herzliches Verhältnis, auch wenn wir uns nicht ständig sahen. Unsere Eltern haben uns nach berühmten Vorbildern und deren literarischen Werken benannt. Bei mir stand Liselotte von der Pfalz Patin, Schwägerin des Sonnenkönigs Ludwig XIV., berühmt geworden, weil sie Tausende Briefe schrieb, in denen sie das Leben am Hofe in schillernden Farben schilderte. Der Philosoph Immanuel Kant war Namensgeber meines Bruders Emanuel, er war der älteste von uns dreien und wurde immer nur Buebi genannt. Und bei Corinne war es ein Werk der französischen Schriftstellerin Madame de Staël, *Corinne ou l'Italie*, nach welchem sie benannt wurde.

Corinne lebt seit langer Zeit in einer anderen Ecke der Schweiz, in einem kleinen Dorf im Kanton Fribourg, zusammen mit ihrem Lebensgefährten. Meine Schwester ist mir immer wichtige Beraterin und Stütze gewesen, und sie stand mir – bei allen Gegensätzlichkeiten, denn unterschiedlicher können zwei Schwestern kaum sein –, immer zur Seite. Ich treffe sie leider nur alle paar Monate, aber wir tauschen uns viel am Telefon aus. Das Telefon ist für mich der kürzeste und schnellste Weg, um Kontakte zu halten, um Termine zu organisieren, um mein Leben zu regeln. Ich telefoniere oft und viel – meistens morgens nach elf und abends nach acht –, aber nie sehr lange. Früher besaß ich einen Computer, die Anfänge habe ich mitgemacht, aber bin doch irgendwie steckengeblieben.

Mein Bruder Buebi ist im Januar 2016 gestorben, was sehr unerwartet kam, auch wenn er schon recht alt war. Es ist eine unendlich große Lücke, die er hinterlässt. Er war eine zentrale Person in meinem Leben! Ich tue mich sehr schwer damit, dass er nicht mehr da ist. Wann immer ich einen Rat brauchte, war er für mich da. Wenn ich eine Frage hatte, wenn ich etwas nicht wusste, konnte ich ihn anrufen, zu jeder Tages- und Nachtzeit – und er wusste alles. Buebi war ein wandelndes Lexikon.

Im vergangenen Jahr war er zusammen mit seiner Frau Beatrice hierher in die Altersresidenz gezogen, in ein schönes Apartment. Ich hatte mich sehr auf die beiden gefreut. Wir konnten uns sehen, wann wir wollten, zusammen essen, uns unterhalten … Das war natürlich einmalig! Doch dann sind er und seine Frau innerhalb von nur zwei Monaten gestorben, das ist sehr traurig.

Buebi hat bis zu dem Umzug in unserem Elternhaus in Bern gelebt, am Malerweg, wo wir aufgewachsen sind; doch auch für ihn wurde es zu anstrengend, das Haus weiterzuführen. Wie mein Sohn unser Haus in Perroy übernommen hat, ist Buebis Sohn in den Malerweg gezogen. Es bleibt also alles in der Familie.

Nesthäkchen, Lausbub und ungeheurer Kobold: Eine glückliche Kindheit

Das Nesthäkchen in unserer Familie war ich. Doch der Altersunterschied – mein Bruder war viereinhalb Jahre älter, meine Schwester zweieinhalb Jahre – hat nie eine große Rolle für uns Geschwister gespielt. Mein Bruder hatte natürlich einen Freundeskreis in seinem Alter und lebte in seiner Jungs-Welt, und meine Schwester und ich hatten unsere Freundinnen. Als Kind ging jeder seiner Wege, viel zusammen unternommen haben wir dann, wenn wir keine Schule hatten. In den Ferien verbrachten wir ganze Tage und Wochen miteinander und waren kaum zu trennen.

Ich war ein irrsinnig lebhaftes Kind, von früh bis spät brauchte ich Bewegung. Auch ließ ich keine Gelegenheit aus, mich körperlich auszutoben, weil ich voller überbordender Energie war. Es hört sich ein wenig seltsam an, aber wenn ich damals einen Weg mit der Straßenbahn hätte fahren können, bin ich stattdessen lieber zu Fuß gelaufen, nein, gerannt. Kein Weg war mir zu weit. Dann kletterte ich ständig auf Bäume fremder Gärten und habe auch schon mal den Leuten in die Zimmer geschaut … und dabei interessante Dinge gesehen … *(lacht)* Ich war ein echter Lausbub.

Mein liebstes Element war das Wasser, ist es immer noch, ich bin eine Wasserratte. Schwimmen lernte ich im Alter von fünf Jahren. Als Schülerin ging ich oft in die Ka-We-De –

Kunsteisbahn und Wellenbad Dählhölzli –, das ist ein Freibad, oder auch ins Berner Aarebad, denn dort konnte man im Fluss, der Aare, schwimmen, was Kindern zwar aus Sicherheitsgründen untersagt war, mich aber nicht abhalten konnte. Im Gegenteil – todesmutig stürzte ich mich von den Sprungbrettern ins Wasser. Ich kannte keine Gefahren und wagte mich erst vom Einmeter-, dann vom Dreimeter- und am Schluss vom Fünfmeterbrett – natürlich immer mit dem Kopf voran. Das war eine Mutprobe.

Ein einziges Mal, Jahre später, in Spanien, traute ich mich, vom Zehnmeterbrett zu springen. Kopfüber! Ich hätte es mir niemals verziehen, wenn ich es nicht wenigstens einmal probiert hätte. Da ich ungeübt und untrainiert war, sprang ich falsch ab und landete – recht schmerzhaft – halb auf dem Rücken auf der Wasseroberfläche. Von da an habe ich die hohen Türme lieber sein lassen … Aber wenn sich die Gelegenheit bietet, schwimme ich heute noch gern. Am liebsten im See.

Für meinen unbändigen Hang zu Mutproben war ich als Kind berüchtigt. Ständig habe ich im Unterricht irgendetwas angestellt, und wenn es dem Lehrer zu viel wurde, hat er mich vor die Türe geschickt. Aber anstatt die Strafe hinzunehmen und endlich Ruhe zu geben, habe ich mir neuen Unfug überlegt. Vor der Schule stand zum Beispiel eine Leiter, die bin ich raufgeklettert und habe von oben durchs Fenster in den Klassenraum reingeschaut und noch mehr Faxen gemacht, was die anderen in der Klasse natürlich sehr amüsierte. Ich konnte so eine Gelegenheit einfach nicht auslassen. Mein Lehrer war gar nicht begeistert.

Auch mit meinen Freundinnen heckte ich ständig neue

Streiche aus, nämlich wie wir die Nachbarn hereinlegen konnten. Zum Beispiel stellten wir Fallen auf, indem wir einen glänzenden Gegenstand an einen Faden banden, diesen auf die Straße legten und uns in einem Garten hinter einem Busch versteckten. Dann warteten wir, bis jemand den Gegenstand aufheben wollte, und – zack – zogen ihn weg. *(lacht)* Diesen Streich hat sicher jeder irgendwann in seiner Kindheit mal gespielt. Wir haben Stunden damit verbracht, alles richtig gut zu arrangieren, damit man den Faden nicht sah und wir den größtmöglichen Effekt erzielten.

Ich war ein ungeheurer Kobold und schon früh unabhängig. Dementsprechend gab es auch öfter Ärger. In der Schule war irgendwann ein Punkt erreicht, an dem sich die Lehrer das nicht mehr haben gefallen lassen. Ich brachte auch ständig unseren Hund mit in die Schule und in den Klassenraum. Das ging alles zu weit, und die Lehrer sprachen ein ernstes Wort mit mir. Ich habe es nie bis auf die Spitze getrieben, sondern hatte rechtzeitig ein Einsehen. Spätestens dann, wenn meine Eltern etwas mitbekamen und von den Lehrern angesprochen wurden. Konsequenzen hatte es für mich dennoch nicht, meine Eltern haben über meine kindlichen Eskapaden meistens nur gelacht. Ich wollte – bei aller Freude an meinen Scherzen – eines keinesfalls riskieren: sitzenbleiben. Das war tabu!

Wenn ich zu spät in die Schule kam, hatte das meistens mit Regenwürmern zu tun. Das muss ich erklären: Auf den Wegen fand ich immer Regenwürmer, die nach einem Schauer aus der Erde gekommen waren, hilflos herumlagen und zertreten wurden. Dieser armen Tierchen habe ich mich angenommen, hob sie mit großer Sorgfalt auf und setzte sie wieder zurück in die Gärten, um sie zu retten. Ich hatte ein großes Herz für kleine Tiere. Auch Schnecken hatten es mir angetan. Mein Vater hatte einen Gemüsegarten angelegt, in dem sich viele Schnecken herumtrieben, sodass ich mir eine kleine Schneckensammlung anlegen konnte. Mit denen habe ich dann Schneckenrennen veranstaltet, aber die schliefen unterwegs ein. Typisch Bern! *(lacht)*

In die Zeit meiner Kindheit und Jugend fallen die Jahre des Zweiten Weltkriegs. Als wir vom Kriegsausbruch hörten, so erinnere ich mich, war ich gerade auf dem Schulweg. Es klingt vielleicht seltsam, aber wir haben vom Kriegsgeschehen nicht viel bemerkt, außer dass die Nahrungsmittel und vieles andere rationiert wurden. Wir Kinder lebten in unserer eigenen Welt, waren mit uns selbst beschäftigt, mit der Schule, mit Klausuren, später mit der Ausbildung.

Meine Eltern waren überhaupt nicht politisch. Vater war nie Mitglied einer Partei oder politisch engagiert. Er war beruflich sehr eingespannt mit seinem Ingenieurbüro, fuhr viel durch die Gegend, um die Arbeiten an den Straßen und Wegen, die er in Auftrag gegeben hatte, zu beaufsichtigen. Und abends war er erschöpft, zog sich zurück und erledigte seine Schreibarbeiten. In den Nachrichten haben wir von den Kriegsereignissen gehört. Mein Vater interessierte sich natürlich sehr dafür, was los war, und saß jeden Tag vor dem Radio.

Nach dem Krieg kamen viele US-Soldaten zu uns in die Schweiz, und auch nach Bern, um ein paar Tage Urlaub zu verbringen. Meine Freundinnen und ich waren begeistert von unseren Besuchern. Wir zeigten den G.I. unsere Stadt, machten Führungen mit ihnen zu den Sehenswürdigkeiten, ja, man könnte sagen, wir haben diese jungen Männer in der Fremde ein bisschen bemuttert. Für mich war das aufregend. Ein ganzes Tagebuch schrieb ich damals voll mit meinen Begegnungen und Erlebnissen mit den Amerikanern. Außer ein bisschen Flirterei entstand natürlich nichts daraus. Immerhin aber war es eine gute Gelegenheit, meine Englischkenntnisse zu testen und zu verbessern. Mit einem der G.I., sein Name war Winnie, habe ich mir noch eine Zeit lang Briefe geschrieben, nachdem er in die Vereinigten Staaten zurückgekehrt war. Aber der Kontakt brach irgendwann ab.

Von Rumpelstilzchen zu Lord Pulver:
Anfänge einer Karriere

Es gibt nicht den einen Moment oder die eine Situation, in der ich mir gesagt habe: »Ich will Schauspielerin werden!« Dieser Wunsch war irgendwie immer in mir, und schon früh, im ganz Kleinen, habe ich meinen späteren Beruf praktiziert. Nämlich bei Schulaufführungen.

Eine meiner ersten Erfahrungen auf einer Bühne, an die ich mich erinnern kann, damals muss ich acht Jahre alt gewesen sein, machte ich als Rumpelstilzchen, das Männlein aus dem gleichnamigen Märchen der Brüder Grimm. Ich ging meine Rolle mit großem Elan und Ehrgeiz an: Mein Rumpelstilzchen-Kostüm, einen gelben Pyjama, hatte ich mir ganz allein besorgt, und zur Vorbereitung meiner Rolle hatte ich das Märchen wieder und wieder gelesen. Mein Anspruch war es, alles ganz exakt und perfekt so zu inszenieren, wie es die Brüder Grimm im Märchen beschrieben hatten. Als das Stück dann zur Aufführung kam, war ich textsicher.

> *Heute back ich, morgen brau ich,*
> *übermorgen hol ich der Königin ihr Kind;*
> *ach, wie gut, dass niemand weiß,*
> *dass ich Rumpelstilzchen heiß!*

… und habe mich im Laufe des Abends immer mehr in meine Rolle hineingesteigert.

Mit einer solchen Energie, dass ich mir am Ende der Aufführung vor lauter Wut ein Bein wirklich ausreißen wollte, eben wie es das Rumpelstilzchen im Märchen tat. Was mir natürlich misslang! Glücklicherweise! Stattdessen aber knallte ich ordentlich auf den Hosenboden und hielt – anstelle meines richtigen Beins – nur das Hosenbein des Kostüms in den Händen. Diese Darbietung muss großen Eindruck gemacht haben und legte – zumindest in den Augen meiner gleichermaßen schockierten wie stolzen Mutter – den Grundstein für meine spätere Karriere am Theater.

Nachdem die Schule beendet war, hatte ich mir in den Kopf gesetzt, Schauspielunterricht zu nehmen. Mein Vater war rigoros dagegen, er bestand darauf, dass ich zunächst eine gute Ausbildung machte und die Handelsschule – genauer gesagt die Töchterhandelsschule der Stadt Bern – für drei Jahre besuchte und dort meinen Abschluss machte. Danach, so Vater, würden wir weitersehen. Er war nicht grundsätzlich dagegen, dass ich Schauspielerin würde, solange ich als Sicherheit das Diplom der Handelsschule in der Tasche hätte. In mein Tagebuch schrieb ich damals, 1944, mit 15 Jahren:

Was soll denn aus mir werden, wenn ich dieses letzte Schuljahr hinter mir habe? Wenn ich klug genug wäre, woran ich allerdings zweifle, möchte ich gerne die Handelsschule besuchen, da ich besonders die Fremdsprachen fließend können möchte. Die für mich gänzlich neuen Fächer, Stenographie und Maschinenschreiben, werden mir später viel nützen, auch wenn ich nicht einen Beruf ergreife, der sich darauf beschränkt. Ich habe nicht die Absicht, nach der dreijährigen Lehrzeit in einem Bureau zu sitzen und die Bücherluft der Schreibstube, vom Morgen bis zum Abend tippend, einzuatmen. Mein größter Wunsch war schon von klein auf, Schauspielerin zu werden. Viele Leute verpönen diesen Beruf von vornherein und erklären, die meisten Schauspieler seien leichtfertig und lebten in Saus und Braus. Diese Spötter haben sicherlich noch nie ein wirklich ergreifendes Stück gesehen, in das sich der Schauspieler wie der Zuhörer hineinlebt und alles um sich herum vergisst.

Im Gegensatz zu Vater unterstützte Mutter meinen Berufswunsch von Beginn an sehr und ohne Sorge, dass es nicht klappen könnte. Da sie selbst Sängerin war, hat sie mich in meinen künstlerischen Ambitionen stets gefördert. Und auch wenn ich mich dem Wunsch meines Vaters fügte und an der Handelsschule anmeldete, war mir eines immer bewusst: Mein eigentliches Ziel würde ich keine Sekunde aus den Augen verlieren. Deshalb habe ich, noch während ich die Töchterschule besuchte, meine Fühler in die Welt der Schauspielerei ausgestreckt. Einmal besuchte ich ein Vorsprechen bei dem Dramaturgen des Schauspielhauses Zürich – dafür hatte ich eigens die Liebesszene der Marwood aus Lessings Trauerspiel *Miss Sara Sampson* vorbereitet. Es führte leider zu nichts. Anstatt eines Engagements schickte man mich mit einem gutgemeinten Ratschlag nach Hause: Erst einmal möge ich das Diplom an der Handelsschule machen und danach solle ich in Bern auf die Schauspielschule gehen. Und mich später noch einmal melden …

Im März 1948 beendete ich die Schule – erfolgreich! Und konnte endlich damit beginnen, meinen Träumen Taten folgen zu lassen. Jetzt war auch mein Vater einverstanden. Ich bewarb mich also bei der Zunft der Zimmerleute um ein Schauspiel-Stipendium, was sich vielleicht seltsam anhören mag, aber schnell erklärt ist: Es handelte sich um eine der traditionellen Berner Zünfte, welche die Ausbildung junger Leute förderte und finanzierte. Der Zunft der Zimmerleute gehörte meine Familie schon seit 1831 an.

Ich hatte großes Glück und bekam das Stipendium tatsächlich zugesprochen, mit dem ich, voller Enthusiasmus, mein Schauspielstudium am Konservatorium in Bern beginnen konnte. Unterrichtet wurde ich von einer Frau, die eine ganz außergewöhnliche Persönlichkeit war, eine Vollblutschauspielerin: Margarethe Schell-von Noé, der Mutter Maria und Maximilian Schells. Eine wahre Grande Dame. Für sie gab es nur das Theater, nichts als das Theater, und diese Leidenschaft fürs Spielen haben wir, ihre Schüler, gespürt. Weswegen wir auch alles akzeptierten, was sie von uns forderte und uns abverlangte. Wir mussten irrsinnig hart arbeiten, am Text, an unserem Spiel und unserem Ausdruck. Margarethe Schell reichte es nicht, ihren Schülern Anweisungen zu geben, sondern sie spielte jede Szene selbst vor, nahm auch jede einzelne Zeile eines Theaterstücks auseinander. Zu mir sagte sie einmal folgenden Satz, der sich schon bald bewahrheiten sollte: »Du bist komisch. Du musst Buben spielen.«

Ein halbes Jahr ging ich bei Margarethe Schell in den Unterricht, dann beschloss ich, zu einem Privatlehrer zu wechseln, zu Professor Paul Kalbeck. Ich hatte festgestellt, dass ich am Konservatorium nicht richtig zum Zug kam, denn es waren einfach zu viele Schüler in einer Klasse und man kam nicht oft genug dran. Das reichte mir nicht. Ich wollte mehr, ich wollte viel lernen. Und mit Hilfe des Stipendiums der »Gesellschaft zu Zimmerleuten«, also der Zunft, war ich in der komfortablen Lage, mir ab sofort Privatunterricht leisten zu können.

Professor Paul Kalbeck war eine absolute Kapazität, er war Oberspielleiter am Stadttheater Bern und Regisseur am Theater in der Josefstadt in Wien.

Ich hatte ihn zuvor schon als Regisseur erlebt und wollte unbedingt von ihm unterrichtet werden. Er hatte mich regelrecht angesteckt! Bevor er mich als seine Schülerin akzeptierte, musste ich ihm allerdings erst noch vorsprechen, und hierfür hatte ich eine Szene aus dem *Faust* vorbereitet – Gretchens Kerkerszene. »Bin ich doch noch so jung, so jung! Und soll schon sterben! Schön war ich auch, und das war mein Verderben …«

Nachdem Paul Kalbeck mich unter seine Fittiche genommen hatte, kam ich schon bald zu meinen ersten kleinen Auftritten auf der Bühne – zunächst als eine Edelstatistin – und wenig später folgte das erste Engagement. Am Stadttheater in Bern wurde Goethes *Clavigo* aufgeführt, und Kalbeck, mein Lehrer und Förderer, besetzte mich als Marie. Nun hatte ich also an einem richtigen Theater eine richtige Hauptrolle. Ohne Gage allerdings, bezahlt wurde ich nicht!

In den Proben hatte ich meine Rolle einstudiert und intensiv erarbeitet, wie man das am Theater halt macht. Jeder Satz saß und war ausgefeilt, ich konnte jede Zeile auswendig. Ich war wirklich gut vorbereitet, und hatte keinen Grund für

Clavigo

Trauerspiel von Johann Wolfgang von Goethe

Jess. Goethes dramatisches Erstlingswerk, das er als Fünfundzwanzigjähriger innert sechs Tagen niederschrieb, fesselt vor allem in zwei Punkten. Erstens weist sein «Clavigo» einen literarischen Stil von allerhöchstem Schliff auf, und zweitens repräsentiert sich das Werk als psychologisches Drama von ungemein aufschlussreichen, grundsätzlich bedeutsamen Zügen. Die Sprache Goethes — sie wurde in der hiesigen Neueinstudierung zwar nicht nur gekürzt, sondern teilweise auch abgeändert — ist ein Vorbild an Kongruenz zwischen Form und Inhalt. Sie klingt wie Musik und weist ein Gefüge auf, das ihresgleichen sucht. Der Inhalt des Trauerspiels beruht ganz auf seelischen Voraussetzungen. Zwei Korrelat-Paare überkreuzen sich dabei und führen zu einem Zentralpunkt — er heisst: Menschenwürde —, dem alles untergeordnet wird. Die eine Koppel wird durch Carlos und Clavigo, durch Beeinflusser und Beeinflussten, durch Diktator und Haltlosen, Zyniker und Sensiblen (oder wie man dies nennen will) dargestellt. Die andere heisst Marie und Beaumarchais, Hingabe und Forderung, Schwäche und Angriff, Leiden und Kampf. Wie Goethe es versteht, aus diesen Ansätzen und Gegebenheiten seine Tragödie aufzubauen, das wächst Zug um Zug in den Betrachter herein und erhält gleich vom ersten Bild, vom allerersten Satz an eine Prägung, die keine Zweideutigkeiten zuliess. Wenn der Schluss auch diesmal leider recht opernhaft angemutet hat, so lag dies an der äusseren Gestaltung dieser Szene, die weit besser nur in Umrissen als derart naturalistisch vordergründig gegeben wird.

Aber — und das sei mit Genugtuung festgestellt — das Werk wurde ausgezeichnet aufgeführt. Man spürte der geistigen und sprachlichen Leitung durch Paul Kalbeck an, wie intensiv und wie klug hier vorgearbeitet worden ist. Die Akzente traten klar hervor, die verschiedenen wuchsen aus einer inneren Schau, und alles Einzelne schloss sich zu einer Ensembleleistung von hohem Niveau zusammen. Adolf Spalingers Clavigo zeichnete sich durch sehr eindrucksvolle Elastizität, durch Weichheit und durch eine schicksalhaft anmutende seelische Zwiespältigkeit aus, die lebhaften Eindruck hinterlassen haben. Liselotte Pulver, die gastweise die Marie Beaumarchais spielte, darf auf eine ebenso sicher fundierte als durchgeführte Leistung stolz sein. Da war kein Anflug von Lampenfieber, von Tastendem und Zufälligem; man spürte aus der inneren und äusseren Haltung dieser jungen, begabten Schauspielerin heraus, wie Interpretin und Rolle in eins zusammenwuchsen und ein Format erhalten haben, das sehr viel für die Zukunft verspricht. Erich Aberle gab den Carlos in scharfen Betonungen, leidenschaftserfüllt, dämonisch und bewunderungswürdig abgestuft im Sprachlichen. Peter Arens erreichte einen vortrefflichen Höhepunkt im sechsten Bild als racheflammender Mensch; sein Beaumarchais fiel beweglich und stolz in einem aus. Wenn es ihm gelingt, das Instrumentarium seiner Stimme elastischer zu handhaben, so wird zu der innerlich gelösten Dynamik sich die gleichgeartete vokale hinzugesellen. Toni von Tuason (Sophie), Charles Waldemar (Guilbert), Walter Sprünglin (Buenco) usw. führten die kleineren Rollen gut durch. Die ausgezeichneten Bühnenbilder, von denen namentlich die fantastisch wirkende Vision einer an Felsen hochgebauten Stadt der letzten Szene erwähnt sei, stammen von Lois Egg.

Da das Ganze offiziell als «Feier zu Goethes zweihundertstem Geburtsjahr» aufgezogen worden ist, hätte man ihm auch einen entsprechenden äusseren Rahmen geben sollen. Was in dieser Beziehung nämlich zu Beginn des Abends zu hören war, das war wohl gut gemeint und herzlich gern gegeben, besass leider aber auch nicht entfernt jenes Niveau, das in diesem Fall aus zwingenden Gründen ganz einfach

Theaterkritik in der *BZ Berner Zeitung*, 1949

Liselotte Pulver als Marie in *Clavigo*, 1949

Lampenfieber. Dann stand die Premiere an: am 17. Februar 1949; ich war neunzehn Jahre alt, Familie und Freunde saßen im Publikum, und ich fühlte mich wie auf einer rosaroten Wolke. Endlich! Das Stück war ein voller Erfolg, doch obwohl es gut ankam, wurde es leider nur viermal aufgeführt, und den erhofften Vertrag auf eine Festanstellung beim Theater in Bern bekam ich nicht.

Aber immerhin konnte ich meine erste Kritik in einer Zeitung lesen, schwarz auf weiß, in der *Berner Zeitung*:

Liselotte Pulver, die gastweise die Marie Beaumarchais spielte, darf auf eine ebenso sicher fundierte als durchgeführte Leistung stolz sein. Da war kein Anflug von Lampenfieber, von Tastendem und Zufälligem; man spürte aus der inneren und äußeren Haltung dieser jungen begabten Schauspielerin heraus, wie Interpretin und Rolle in eins zusammenwuchsen und ein Format erhalten haben, dass sehr viel für die Zukunft verspricht.
(Berner Zeitung, 1949)

Welche Zukunft haben Sie sich mit neunzehn Jahren ausgemalt, nach dieser gelungenen Bühnenpremiere? Wie war die junge Lilo?

Irrsinnig ehrgeizig. Für mich gab es nur den Beruf. Ich wollte ganz groß rauskommen und ein Star werden. Ich dachte nur an Rollen und Filme und bin zu Regisseuren gefahren, habe ihnen vorgesprochen in der Hoffnung, dass sie mich besetzen, was manchmal auch geklappt hat. Ich weiß nicht, warum, aber ich war mir zu hundert Prozent sicher, dass ich es schaffen würde. Ich hatte eine solch unbändige

Lust am Spielen und daran, vorwärtszukommen. Jede Rolle nahm ich an, Hauptsache, es war eine Hauptrolle. Nebenrollen interessierten mich nicht, habe ich auch kaum gespielt. Als die Karriere ins Rollen kam, purzelten die Angebote nur so herein, sodass ich in der komfortablen Situation war, mir die – in meinen Augen – beste Rolle auszusuchen. Was nicht unbedingt bedeutete, dass meine Wahl immer auf den besten Film fiel. Im Nachhinein weiß ich, dass es manchmal besser ist, in einem großen Film eine kleine Rolle zu spielen – wie beispielsweise in Billy Wilders *Eins, zwei, drei* –, als eine Hauptrolle in einem schlechten Film.

Nach meinen ersten Bühnenerfahrungen in Bern sagte ich mir: Jetzt versuche ich es noch einmal in Zürich am Schauspielhaus, wo ich im ersten Anlauf nicht hatte landen können, und meldete mich zum Vorsprechen an. Ich hatte gehört, dass man gerade den *Faust II* besetzte. Dieses Mal klappte es, und ich bekam die Rolle, nein, besser gesagt, ich bekam gleich zwei Rollen: Euphorion und Knabe Wagenlenker. Und es folgten weitere Engagements, sodass ich zwei Jahre in Zürich blieb. Schön war es, dass meine Schwester zu dieser Zeit bei einem Bühnenbildner als Assistentin arbeitete und wir uns im Theater sehr häufig sahen. Damals wohnten wir auch zeitweise zusammen, mit unserer Mutter.

Ich wollte auf die Bühne des Schauspielhauses – und ich hatte dieses Ziel wirklich erreicht. Da ich – dünn, wie ich war – immer wieder für Knaben- und Bubenrollen besetzt wurde – wie von Margarethe Schell prophezeit –, hatte ich schon bald einen Spitznamen weg: »Lord Pulver«. Dass männliche Rollen am Theater von jungen Frauen gespielt wurden, war dabei gar nichts Ungewöhnliches. Es gab Bubenrollen, die fast immer von verkleideten Mädchen dargestellt wurden. Das war gang und gäbe. Zum Beispiel auch in den Shakespeare-Komödien *Was ihr wollt* oder *Wie es euch gefällt*.

Liselotte Pulver mit Maria Schell auf der Alm in Kärnten, 1997

Maximilian, Maria und ich

Es ist schon ein wenig ungewöhnlich, oder zumindest erwähnenswert, dass drei Schauspieler mit Schweizer Wurzeln – Maria Schell, Maximilian Schell und ich – in etwa zur
gleichen Zeit ihre Karriere starteten und im deutschsprachigen Kino so erfolgreich waren – und alle drei waren wir auch
noch Schüler von Margarethe Schell-von Noé.

Maria und Maximilian lernte ich durch die Schule früh kennen. Maximilian kam häufig vorbei, wenn wir Unterricht
hatten. Mit ihm zusammen haben wir einmal ein Grill-
parzer-Stück einstudiert, *Des Meeres und der Liebe Wellen*.
Meine Rolle war die der Dienerin. Viele Szenen erarbeiteten
wir draußen in der freien Natur und verlegten die Proben
unten an die Aare, ans Ufer des Flusses, der durch Bern führt.
Später, im Laufe der Jahre, bin ich Maximilian immer wieder
begegnet, aber wir haben nie wieder zusammengearbeitet.
Ich mochte Max sehr, aber im Gegensatz zu vielen anderen
meiner Schauspielkolleginnen, mit denen ich im Laufe der
Jahre zu tun hatte, habe ich mich in ihn damals nicht verliebt.
Max hatte ein wunderschönes Gesicht, war mir aber von der
Statur her zu klein. *(lacht)*
  Zur etwa gleichen Zeit wie Maximilian lernte ich auch
seine Schwester kennen. Maria habe ich immer dafür be-

wundert, wie sie ihre Rolle als Nummer eins des deutschen Films erreicht und wahrgenommen hat. Und wie sie sie verteidigt hat.

In Sachen Ehrgeiz und Perfektionismus waren wir uns gar nicht so unähnlich, auch für Maria gab es nur die Schauspielerei. Als wir noch ganz jung waren, kam es einmal zu einem regelrechten Drama, weil ich die Rolle in einem Film verloren hatte, die Maria dann an meiner Stelle spielte. Das war 1951, der Film hieß *Dr. Holl.* Ich war in diesem Drama als weibliche Hauptrolle neben dem großen Dieter Borsche vorgesehen, hatte aber zur selben Zeit ein Engagement am Theater. Um es kurz zu machen: Durch mein ungeschicktes Verhalten, alles unter einen Hut zu bekommen, gepaart mit schlechter Beratung, wurde ich am Ende umbesetzt. Ich war verzweifelt! Damals dachte ich wirklich, das wars! Schluss, aus mit der Filmkarriere … Und beinahe hätte ich durch den Streit mit meinem Produzenten F. A. Mainz auch noch meinen damaligen Dreieinhalbjahresvertrag verloren, aber wir versöhnten uns zum Glück – mit einer Menge Alkohol …

Maria jedenfalls bekam meine Rolle, *Dr. Holl* wurde ein Riesenerfolg, und Maria erhielt einen Bambi. Zwischen uns war immer ein wenig Rivalität. Wenn es anfangs eine Konkurrentin beim Film gab, dann war es Maria, obwohl wir uns später nicht mehr in die Quere kamen. Maria besetzte ein ganz anderes Fach als ich. Sie spielte eher die ernsten und dramatischen Rollen und ich meistens die komödiantischen.

Lange Zeit aber war sie die Nummer eins und ich »nur« die Nummer zwei, was mir gerade bei den alljährlichen Bambi-Verleihungen deutlich vor Augen geführt wurde. Der Bambi war Gradmesser für die Popularität von uns Schauspielern, er zeigte, an welcher Stelle man in der Publikumsgunst stand. Maria war meistens ganz vorn, ich war die ewige Zweite oder noch weiter unten … Bis 1963! In dem Jahr war ich endlich an der Reihe und bekam meinen ersten Bambi. Im Jahr davor hatte ich *Kohlhiesels Töchter* gedreht, die Doppelrolle der Liesel und der Susi, ein wahnsinnig großer Erfolg im Kino.

Vor der Bambi-Gala zermarterte ich mir den Kopf darüber, was ich auf der Bühne sagen könnte, sollte ich den Preis bekommen. Mir wollte partout nichts Gehaltvolles einfallen. Und als ich dann endlich, endlich meinen Bambi in den Händen hielt, habe ich von der Bühne aus hinuntergerufen: »Jetzt hab ich ihn!!!« Im Laufe der Jahre habe ich es auf insgesamt vier Bambis gebracht.

Maria Schell sah ich zum letzten Mal bei einem Besuch auf ihrer Alm in Kärnten, wo sie ihre letzten Lebensjahre verbrachte, mehr und mehr zurückgezogen von der Öffentlichkeit, nachdem sie schwer erkrankt war. Ich kann mich gut an unsere letzte Begegnung erinnern. Wir machten Fotos für die Presse, saßen nach langer Zeit noch einmal zusammen und haben uns unterhalten. Damals war Maria noch nicht erkrankt und hat, meine ich, auch noch Filme gedreht. Ich habe es sehr bedauert, als ich später hörte, dass es ihr nicht mehr gut ging …

Eine öffentliche Eifersuchtsszene:
Vom Theater zum Film

Weil ich nichts anderes im Sinn hatte, als ernste Rollen zu spielen, sah mein Repertoire, das ich auf der Schauspielschule und später bei Professor Kalbeck einstudiert hatte, entsprechend aus. Ich hatte sie alle gelernt: die großen dramatischen Figuren der Literatur – die Luise in *Kabale und Liebe*, das Käthchen von Heilbronn, die Emilia Galotti, das Gretchen, und, und, und. Das Gretchen konnte ich komplett auswendig. Bruchstücke davon habe ich heute noch im Kopf. Ich hatte immer den Hintergedanken, wenn ich all diese Rollen draufhabe, werde ich sie später auch alle auf der Bühne spielen.

Die Vorzeichen standen also gut für eine Karriere am Theater. An den Film hat kein Mensch gedacht. Ich am allerwenigsten. Dass es dann doch dazu kam, hat sich, wie so vieles im Leben, einfach ergeben. Durch die Vermittlung meiner Mutter, die zufällig einen Filmproduzenten kannte, kam ich an meine erste Kinorolle in der Schweizer Komödie *Swiss Tour* von 1949, der in Deutschland unter dem Titel *Ein Seemann ist kein Schneemann* lief. Ich war 19 und meine Rolle winzig, ich war nur ein Flirt eines amerikanischen Soldaten. Nach drei Drehtagen war meine Arbeit erledigt.

Wegweisend für mein weiteres berufliches Leben war eine Begegnung, die kurze Zeit später stattfand. Robert Freitag, ein Kollege am Schauspielhaus in Zürich, stellte mich einem Mann vor, ohne den ich sicherlich einen anderen Weg eingeschlagen hätte: dem Produzenten F. A. Mainz. Er war damals gerade damit beschäftigt, seinen nächsten Film vorzubereiten und zu besetzen, einen Bergfilm mit Hans Albers in der Hauptrolle. Für diesen Film, *Föhn*, suchte Mainz noch den weiblichen Hauptpart.

Ich war ihm empfohlen worden, aber er kannte mich weder persönlich noch wusste er, was ich kann und wie ich spiele. Um das herauszufinden und sich ein Bild von mir zu machen, hätte er ins Schauspielhaus kommen können, wo ich jeden Abend auf der Bühne stand. Aber dafür fehlte ihm die Zeit. Stattdessen arrangierte man ein Treffen zwischen uns in Zürich, in einem Lokal, dem »Goldenen Widder«, wo wir zu Abend essen sollten.

Mainz und ich verstanden uns von Anfang an gut, hatten an diesem Abend viel Spaß, aber vor allem ging es ihm ja darum, zu erfahren, was ich schauspielerisch draufhabe. Als wir nun gemütlich im Restaurant zusammensaßen, sagte er plötzlich zu mir: »Sie lachen ja immer. Ich würde gern mal wissen, ob Sie auch ernst sein können. Wie wär's, wenn Sie mir hier und jetzt eine ordentliche Eifersuchtsszene machen. Stellen Sie sich vor, Sie sind von mir schwanger und ich habe Sie sitzenlassen, und jetzt treffen Sie mich hier ...«

Ich dachte im ersten Moment, ich hätte mich verhört. Aber dann sagte ich mir: Das hier ist die Gelegenheit, die lasse ich mir nicht entgehen.

Und dann habe losgelegt ... *(lacht)* ... und richtig losgelegt. Wie ein eifersüchtiges Weib habe ich gezetert ... bis das Lokal sich leerte … Nein, so weit ist es natürlich nicht gekommen. Aber ich habe Mainz eine Eifersuchtsszene hingelegt, wie sie im Buche steht. Das war schon bühnenreif:

»Du Betrüger, ich hasse dich …!« Und so weiter … Mitten im vollbesetzten Restaurant habe ich ihn beschimpft und steigerte mich immer mehr in die Gefühlslage der Sitzengelassenen hinein. Ich weiß nicht, ob Mainz mit meinem Ausbruch gerechnet hatte, aber irgendwann sagte er, es sei genug! Das ganze Lokal hatte der Szene natürlich gelauscht und war geschockt. Keiner sagte mehr ein Wort.

Das war mit Sicherheit das ungewöhnlichste »Vorsprechen« meines Lebens. Aber es war mir gelungen, F. A. Mainz von mir zu überzeugen. Er gab mir einen Filmvertrag mit einer Laufzeit von dreieinhalb Jahren, und ich kam an meine erste Hauptrolle in einem Kinofilm, neben einem der größten Stars des deutschen Kinos: Hans Albers.

Föhn – drei Menschen am Piz Palü war ein Bergdrama über die Macht der Liebe und den Willen zum Überleben, das Remake eines Stummfilms aus dem Jahr 1929, damals mit Leni Riefenstahl. Mein eigentlicher Partner im Film war nicht Albers, sondern Adrian Hoven. Wir spielten ein Paar, das in den Bergen urplötzlich von einem schweren Unwetter überrascht wird und in Lebensgefahr gerät. Im Film treffen wir auf einen älteren Arzt, nämlich Hans Albers. Alle drei werden von einer Lawine verschüttet und drohen zu erfrieren, Albers opfert sich für die beiden, die irgendwie doch noch gerettet werden. Ende, aus, Happy End!

Die Außenaufnahmen von *Föhn* drehten wir in der Schweiz, genauer gesagt in Graubünden, den Rest, die Innen-

Liselotte Pulver mit Hans Albers in *Föhn*, 1950

aufnahmen, in München. Die Welt des Films war neu für mich – und aufregend. Ich fand Albers prima, und er, der große Star, hat mich, den Frischling, gleich akzeptiert. Ich bin sehr froh, ihn noch erlebt zu haben!

Wir haben uns fast befreundet in den zehn Wochen, die wir zusammen drehten. Dennoch bin ich ihm sehr respektvoll begegnet und hätte es nie gewagt, mit ihm zu diskutieren oder etwas abzulehnen, was er vorschlug. Das wäre nicht in Frage gekommen.

Albers war damals sicherlich der größte Star in Deutschland, einer, der mit allen Wassern gewaschen war, ohne dies aber herauszustellen. Er hatte schon so viele Filme gedreht und war natürlich ein Vorbild für mich, ich habe ihn bewundert.

Als Vorbild habe ich mich nie gesehen

Wie hätten Sie reagiert, wenn Ihnen jemand gesagt hätte, Sie würden selbst einmal für Generationen von Kinogängern ein Vorbild sein?

Ich hoffe, dass ich geantwortet hätte: Wie schön, das höre ich gerne. Ich hätte es bestimmt nicht abgelehnt … In Wirklichkeit ist es doch anders: Die Menschen haben mich immer mit meinen Rollen identifiziert, mit dem, was ich gespielt habe. Aber es war ja nicht ich, die das Vorbild war! Meine Rollen waren das!

Für die Menschen, die mich im Kino gesehen haben, war ich immer der Kumpel, eine Frau ohne Skandale, die bei allen Vertrauen erweckt, die immer nett ist und gut drauf … Zum Teil deckte sich das mit mir als der Person, die ich wirklich war. Aber eben nicht in allen Punkten. Nicht in den ernsten Punkten! Denn ich hatte auch sehr viele sehr unglückliche Momente in meinem Leben – mit Liebeskummer, Verlusten und vielem anderen. Davon redet man nicht, man sieht immer nur die eine Seite, immer nur das lachende Gesicht. Ich beklage mich gar nicht darüber, es stört mich nicht, aber: Ich habe es nie so recht verstanden … Weil ich ja nicht den ganzen Tag lache. Und, nein, ich habe mich auch nie als Vorbild gesehen. Im Gegenteil: Ich brauche selbst eines. Ich bin als Vorbild ungeeignet, denn ich habe viel zu viele Fehler und bin zu unperfekt, als dass sich andere an mir ein Beispiel nehmen sollten. Und ich würde auch nicht die Verantwortung übernehmen wollen, wenn sich Menschen an mir orientieren. So etwas wäre mir unangenehm.

Wer wäre denn im Moment ein gutes Vorbild?

Angela Merkel! Sie ist für mich eine Ausnahmeerscheinung. Wenn man sieht, wie sie in den Anfängen agierte und wie sie sich im Laufe der Jahre, bis heute, entwickelt hat, ist das schon erstaunlich. Wie es Frau Merkel gelingt, ihre Rolle auszufüllen, immer präsent zu sein, von allen beäugt und beobachtet, immer in der Kritik zu stehen – es ist bewundernswert.

Auch optisch hat sie sich sehr entwickelt. Ein Mann kann schon mal schlecht aussehen, schlecht geschlafen haben oder nicht gut drauf sein, Männern wird verziehen. Eine Frau in gleicher Position kann sich das nicht leisten. Das ist immer noch so. Ich würde nicht so weit gehen zu sagen, dass Männer und Frauen anders Politik machen, dass sie also nur wegen ihres Geschlechts für unterschiedliche Politikstile stehen. Am Ende sind Probleme da, und die müssen gelöst werden. Es gibt meistens nicht fünf verschiedene Lösungen, sondern vielleicht zwei, und die werden von Mann und Frau gleichermaßen angegangen und im besten Fall bewältigt.

Eine weitere Politikerin, deren Persönlichkeit mir imponiert, ist im Moment Hillary Clinton, die nun auch viel angegriffen wird. Es bedarf einer unglaublichen Kraft, das alles durchzustehen, Wahltourneen, Reden, Auftritte, Interviews – dabei bloß keinen Fehler, sich nur nicht angreifbar zu machen – allein physisch ist das eine unglaubliche Leistung, von der Psyche ganz zu schweigen.

Wenn ich Frau Merkel träfe, würde ich von ihr wissen wollen, wie sie das alles schafft, wie sie sich erholt und mit wem sie sich bespricht. Sie hat natürlich einen sehr gescheiten Mann an ihrer Seite. Es ist von großem Vorteil, dass sie jemanden um Rat fragen kann. Ich könnte mir niemals vorstellen, eine solch große Verantwortung zu übernehmen, wie ein Politiker sie zu schultern hat. Es wäre eine zu große Last. Zu meiner Schande muss ich gestehen, dass ich die aktuelle Politik nicht so intensiv verfolge, wie ich es tun sollte. Aber das Wesentliche bekomme ich natürlich mit, und wenn Frau Merkel einen Satz sagt wie »Wir schaffen das« und dafür kritisiert wird, frage ich mich, was sie hätte sagen sollen. Sie kann sich doch nicht hinstellen und behaupten, wir haben damit nichts zu tun, wir schaffen das nicht. Das wäre ein Offenbarungseid!

Wo alles anfing:
Hamburg, meine Lieblingsstadt

In Hamburg hat alles angefangen. Hier wurde gewisser-
maßen der Grundstein für meine Filmkarriere gelegt, weshalb ich bis heute eine ganz besonders innige Beziehung zu
Hamburg habe, meiner Lieblingsstadt – die Berner mögen
mir verzeihen …

Dieser Grundstein war mein erster Filmvertrag mit mei-
nem Produzenten F. A. Mainz. Er besaß ein herrschaftliches
Haus an der Elbchaussee, in dem ich eine Zeitlang gewohnt
habe, als ich in Hamburg zu tun hatte. Einige meiner frü-
hen und wichtigen Filme sind in Hamburg entstanden, 1952
Klettermaxe, meine erste Zusammenarbeit mit Regisseur
Kurt Hoffmann. Und ein paar Jahre später, 1957, *Die Zürcher
Verlobung* nach einem Roman von Barbara Noack. Paul Hub-
schmid und Bernhard Wicki waren meine Partner, Helmut
Käutner führte Regie.

Käutner hatte in der *Zürcher Verlobung*, am Ende des
Films, einen winzigen, aber sehr witzigen Auftritt – und
spielte einen Journalisten mit nur einem einzigen Satz: »Ich
finde es nicht gut, wenn ein Regisseur in seinem eigenen
Film mitspielt.«

Vor ein paar Jahren wurde die *Zürcher Verlobung* fürs
Fernsehen neu verfilmt, fast fünfzig Jahre nach dem Origi-
nal! Wieder wurde in Hamburg gedreht, wieder war ich da-

bei, aber nur in einer klitzekleinen Rolle, in der Schlussszene, denn da hatte ich einen Cameo-Auftritt – und spielte mich selbst!

Ende der siebziger bis in die achtziger Jahre hinein habe ich wieder viel Zeit in Hamburg verbracht, als ich die *Sesamstraße* drehte. Und so habe ich mich im Laufe der Jahrzehnte an Hamburg und an die Hamburger gewöhnt. Natürlich sah damals alles noch ganz anders aus. Aber immer schon war Hamburg eine Weltstadt. Ich liebe den Hafen, die Schiffe und mag es, dass man sie nachts tuten hört, egal, wo in der Stadt man gerade ist. Mir gefällt auch die Sprache der Hamburger, der s-pitze S-tein ... Früher bin ich, wann immer ich Zeit hatte, meistens an Sonntagen, einmal rund um die Alster spaziert, zwei Stunden lang, und ging hinterher ins »Bellevue« zum Essen, ein Restaurant unweit vom Hotel Atlantic, meinem Stammhotel, wo ich meistens ein kleines Zimmer zur Seitenstraße, dem Holzdamm, bewohnte.

Und nicht zu vergessen – mein Sohn Tell hat in Hamburg studiert und danach ein paar Jahre lang dort gearbeitet. In Hamburg hat er seine Frau kennengelernt. Es gibt also viele berufliche wie private Bindungen an diese Stadt – und viele schöne Erinnerungen ...

Liselotte Pulver in Paris, 1958

In Paris habe ich mich nie verliebt ...

Komischerweise war ich ausgerechnet in Paris, der Stadt der Liebe, nie verliebt, in keinen einzigen meiner Filmpartner. Ganz anders war das in Deutschland, wo ich mich ganz oft in meine Filmpartner verguckt habe, zumindest für die Dauer der Dreharbeiten. Aber in Frankreich eben nicht, was daran liegen mag, dass die meisten meiner Kollegen zu alt waren. *(lacht)*

Ich habe viel in Frankreich gearbeitet und viele tolle Filme dort gedreht. Und ich liebte Paris! In dieser Metropole hätte ich mir gut vorstellen können, eine Wohnung zu mieten und für eine gewisse Zeit zu leben. Aber Paris ist nicht erst heute teuer, das war es damals schon, unbezahlbar. Wenn ich in Frankreich gedreht hatte und der Film war fertig, bin ich noch länger geblieben und habe das Pariser Leben genossen. Ich ging in die Theater und besuchte Museen und Galerien, sah mir alles an, jedes Viertel, jede Ecke, ich kannte eine Menge Kollegen und schloss neue Bekanntschaften. Bis ich genug davon hatte und es mich nach Hause zog – in die Schweiz.

Warum ich über Paris so ins Schwärmen gerate? Die Stadt und ihre Menschen, das Flair, die Atmosphäre – das alles war einmalig, so gewaltig und trotzdem auf eine ganz eigene Weise familiär. Paris war für mich damals das Non-plusultra, ein Höhepunkt. Und deswegen habe ich, sooft es ging, französische Filme gedreht. Meistens bin ich mit meinem eigenen Wagen, damals dem Studebaker, zu den Dreharbeiten nach Paris gefahren. Dann war ich unabhängig und konnte Stadt und Umgebung auf eigene Faust erkunden. Ich wohnte oft in einem kleinen, sehr schönen Hotel bei Notre-Dame, im Hotel de Suède. Vor dem Hotel hatte man damals diese großen, breiten Trottoirs, an denen ich meinen Wagen nachts stehen lassen konnte, ohne dass etwas passierte. Mit ein bisschen Glück könnte man auf dem Foto, auf dem ich mich weit aus dem Fenster des Hotel de Suède lehne, fast meinen Studebaker sehen, denn genau da unten vor dem Haus habe ich ihn immer geparkt.

Wie war Ihr Lebensgefühl damals?

Ich würde sagen: Ein bisschen weit hinausgelehnt! *(lacht):*
Nein, im Ernst: Ich war einfach nicht zu bremsen. Wenn ich nur eine Woche Urlaub hatte, wurde ich schon unruhig. Es musste immer etwas passieren. Ich war nicht aufzuhalten, und das hat sich manchmal auch negativ ausgewirkt, wenn ich nicht ausgeruht war und schon in den nächsten Film hineinstolperte.

Mein erster französischer Film, 1956, hieß *Arsène Lupin, der Millionendieb* und war eine Diebesgeschichte. Mit Robert Lamoureux, der den Gauner spielte, und O. E. Hasse in der Rolle von Kaiser Wilhelm II. Ich spielte eine deutsche Adelige mit Namen Mina von Kraft.
Schon meine Reise nach Paris zu den Dreharbeiten ist

erwähnenswert, weil ziemlich abenteuerlich – mein Studebaker, auf den sonst immer Verlass war, drohte mitten auf der Strecke den Geist aufzugeben. Nur mit Mühe und Not und ziemlichem Motorengerumpel schaffte er es bis Paris, wo ich ihn in einer Autowerkstatt abliefern musste. Auch das nicht ohne Widrigkeiten, denn es war die Zeit der Sommerferien, und wie jeder weiß, ist Paris im Sommer wie ausgestorben. Aber das waren nicht alle Komplikationen bei *Arsène Lupin* …

Die Baronin von Kraft sollte, so wollte es unser Regisseur Jacques Becker, rotblonde Haare haben. Becker schickte mich gleich nach meiner Ankunft in Frankreich zum Färben in einen Friseursalon, einen sehr schicken Arden-Salon mit ziemlich hochnäsigem Personal, wo meine armen Haare einer strapaziösen und langwierigen Prozedur unterzogen wurden. Aber irgendwie hat es geklappt, meine Haaren waren rot. Am nächsten Tag traf ich Becker. Der warf nur einen Blick auf mich und war nicht zufrieden. Er hatte sich umentschieden: Nein, falsche Farbe. Die Baronin sollte doch besser weißblond sein! Also alles von vorne. Umfärben auf hellblond. Meine größte Sorge war, ob meine Haare das mitmachen würden. Diesmal legte der Chef des Salons selbst Hand an und schmierte mir einen Brei auf den Kopf. Das Ergebnis sah so aus: Ich war blond, der Regisseur zufrieden. Nur fielen mir die Haare plötzlich büschelweise aus. Was nun? Jacques Becker entschied: Wir drehen trotzdem.

Irgendwann mussten wir die Dreharbeiten unterbrechen, weil Jacques Becker mit Fieber krank im Bett lag. Mein Aufenthalt in Frankreich zog sich in die Länge. Mir sollte das nur recht sein. Ich hatte Zeit für Paris und traf einen alten

Bekannten wieder: Curd Jürgens. Ich kannte ihn seit einigen Jahren, immer wieder liefen wir uns über den Weg. Curd war damals schon ein Weltstar und hatte zufälligerweise auch beruflich in Paris zu tun. Als wir uns jetzt, im Sommer 1956, wiedersahen, begrüßte er mich launig und lachend in seiner typischen Art mit einem »Na, Knallcharge«. Er holte mich – ganz Mann von Welt – mit seinem Rolls-Royce, inklusive Chauffeur, ab, und während ich drehfrei hatte, machten wir Paris bei Tag und Nacht unsicher. Für mich war um zwei Uhr Schluss. Eine ganze Nacht durchzumachen, lag nicht in meinen Genen.

Arsène Lupin wurde ein voller Erfolg, was für mich bedeutete, dass ich weitere Angebote aus Frankreich bekam, später übrigens auch für einen Film mit Curd Jürgens, *Blüten, Gauner und die Nacht von Nizza*.

In Deutschland weiß man gar nicht, dass Sie so viel in Frankreich gearbeitet haben. Wurden Sie dort anders wahrgenommen oder besetzt als hierzulande?

Dass mich die Franzosen anders sahen oder beurteilten, kann ich nicht bestätigen. Eines war aber tatsächlich anders: Meine Rollen waren nicht so groß wie diejenigen, die ich in Deutschland angeboten bekam. Star des Films war meistens der männliche Hauptdarsteller wie Gérard Philipe oder auch Philippe Noiret, Curd Jürgens oder Jean Gabin. Die weibliche Hauptrolle war oft nicht so profiliert und herausgehoben wie die männliche. Die Arbeit in Frankreich mochte ich dennoch sehr. Für *Arsène Lupin* brauchte man damals einen deutschen Namen, weil es sich um eine internationale Koproduktion handelte. Trotzdem war es schon eine echte Sen-

sation, dass ich genommen wurde. Jacques Becker hatte das
letzte Wort bei der Besetzung, und er wollte mich unbedingt
haben.

Zwei Jahre später wurde ich das nächste Mal von den
Franzosen engagiert, für die Dostojewski-Verfilmung *Le
Joueur – Der Spieler*. Zur gleichen Zeit lag ein Angebot für
eine Rolle in Hollywood auf meinem Tisch – in dem Mo-
numentalstreifen *Ben Hur*. Dummerweise fanden die Dreharbeiten zu *Ben Hur* und *Der Spieler* aber zur gleichen Zeit
statt. Dieses Dilemma war mir nicht ganz neu, wenn ich an
Dr. Holl denke. Mein Vertrag mit den Franzosen war aber
längst unterschrieben und ich musste ihn erfüllen, also blieb
mir nichts anderes übrig, als den Amerikanern schweren
Herzens abzusagen. Chance Nummer eins auf eine Karriere
in Hollywood – verpasst … Chance Nummer zwei ließ zum
Glück nicht lange auf sich warten …

Im März 1958 war Drehstart für *Der Spieler*, und wie zwei
Jahre zuvor fuhr ich die Strecke von der Schweiz nach Paris
mit meinem Auto. Der Studi machte auf dieser Tour auch
gottlob keine Schwierigkeiten. Mein Bruder begleitete mich
auf der Fahrt. Für Buebi war die Reise nach Paris eine ganz
besondere, nämlich ein bisschen sein Junggesellenabschied.
Wenige Wochen später, im April, gab er in Bern seiner Béa-
trice das Jawort.

Gérard Philipe hatte die männliche Hauptrolle im *Spieler*
übernommen, er war ein großer Name in Frankreich, ein
echtes Zugpferd. Leider war dieser Film einer seiner letzten,
er litt bereits an Krebs und starb nur ein Jahr später. Ich erinnere mich noch an unsere gemeinsame Taxifahrt am letz-

ten Tag der Dreharbeiten. Erinnerungswürdig ist sie, weil Gérard im Taxi rauchte und es irgendwie schaffte, das ganze Innere des Wagens abzufackeln. Wir beide und der Taxifahrer kamen aber heil davon.

Nachdem ich *Ben Hur* hatte in den Wind schießen müssen, hoffte ich zumindest mit der französischen Produktion auf einen internationalen Kinoerfolg. Ich hatte mir ausgerechnet, dass das auf jeden Fall funktionieren müsste – dabei aber nicht berücksichtigt, dass die Rolle der Pauline Zagoriansky, der Tochter des Generals, überhaupt nicht zu mir passte. Dass ich sie gar nicht spielen konnte. Sie war eine verzweifelte, ernste Frau, die ständig nur viel und laut weinte … Im Nachhinein war *Der Spieler* ein Fehler, und ich hätte das Angebot ausschlagen sollen. Die hohen Erwartungen, die wir alle hatten, immerhin spielte Gérard Philipe mit, konnte der Film dann bei weitem nicht erfüllen. Im Gegenteil: An der Kinokasse war *Der Spieler* eine Enttäuschung.

Ich kann nicht mehr aus der Rolle fallen: Von Herausforderungen und Grenzen

Für viel Kritik und Medienwirbel sorgte – auch wenn ich es für ungerechtfertigt hielt – der Film *Suzanne Simonin, la Religieuse de Diderot*, der in Deutschland *Die Nonne* hieß, ein sehr düsteres psychologisches Drama, 1965 von Jacques Rivette in Szene gesetzt. Rivette galt als einer der führenden Köpfe der Nouvelle Vague. *Die Nonne* war die Verfilmung des berühmten Romans *Suzanne Simonin* des Philosophen Denis Diderot, ein bedeutendes Werk der französischen Aufklärung. Ein sehr kritisches Stück. Polarisierend.

Im Mittelpunkt steht das Mädchen Suzanne Simonin, gespielt von Anna Karina, die von den Eltern gegen ihren Willen ins Kloster geschickt wird. Sie durchläuft insgesamt drei Ordenshäuser, bis sie am Ende unter tragischen Umständen stirbt. Zunächst – auf ihrer ersten Station – erfährt sie Mitgefühl seitens der Oberin, die Verständnis für das Freiheitsstreben Suzannes aufbringt. Doch das ändert sich sehr schnell, bald schon wird Suzanne schikaniert und gepeinigt. Es geht um Machtmissbrauch und Bigotterie und Scheinheiligkeit … Im dritten Ordenshaus trifft Suzanne schließlich auf die lesbische Äbtissin Madame de Chelles. Die anfängliche Idylle nimmt für Suzanne ein jähes Ende, als die Äbtissin der jungen Frau sexuelle Avancen macht. Die Rolle der lesbischen Oberin Madame de Chelles war mein Part.

Liselotte Pulver mit Anna Karina in *Die Nonne*, 1965

Als mein Mann Helmut das Drehbuch in die Hand bekam, hat er zuerst gelacht und konnte kaum glauben, dass *ich* für die Rolle der Madame de Chelles vorgesehen war, eine Rolle, die darauf angelegt war, zu polarisieren und zu provozieren. Ich unterschrieb trotzdem – oder gerade deswegen. Nicht nur Drehbuch und Besetzung waren spitzenmäßig. Der Film basierte auf einem Stück Weltliteratur, was ihn für mich umso interessanter machte.

Und es war eine ganz andere Rolle als die, für die ich sonst angefragt wurde, eine ernste und schwierige Rolle. Habe ich schon erwähnt, dass ich eigentlich immer am liebsten ernste Rollen spielen wollte? *(lacht)*

Und hier war sie jetzt: ein schwerer Stoff, keine Komödie. Weltliteratur. Dazu konnte man nicht nein sagen.

Die Dreharbeiten fanden in Avignon im Oktober statt; ich hatte viel Text zu lernen, mit sehr langen Passagen, die auf den Originaltexten von Diderot beruhten, und natürlich alles auf Französisch! Und dadurch doppelt anstrengend.

Bei den Filmfestspielen in Cannes 1966 hatte *Die Nonne* Premiere und sorgte prompt, wie eingangs erwähnt und nicht überraschend, für Furore. Die katholische Kirche fühlte sich düpiert, der Film landete auf dem Index und wurde nach der Cannes-Aufführung aus den Kinos verbannt. Erst im Jahr darauf durfte er wieder gezeigt werden. Und wurde – wie so oft, wenn etwas verboten war – ein Sensationserfolg in Frankreich. Nicht so sehr in Deutschland, wo er nur wenig Beachtung fand.

Die Rolle der Madame de Chelles sei Ihr »schauspielerischer Höhepunkt« gewesen, kann man vielfach in den Feuilletons nachlesen. Nehmen Sie dieses Lob gerne an?

Das täte ich, wenn ich es so sehen würde, ich habe es nur nie so empfunden. Ich hatte mich sehr hineingekniet in die Rolle, sie war eine schwierige und anspruchsvolle; diese Nonne zu spielen, habe ich aber nicht als einen Höhepunkt angesehen. Und ich weiß im Nachhinein auch nicht, ob ich diese Rolle noch einmal annehmen würde. Ich kritisiere mich heute viel schärfer als in früheren Zeiten, als ich glaubte, ich bekomme alles hin. Rein von meiner Person her gesehen konnte ich mit der Rolle der Madame de Chelles nicht viel anfangen. Wenn ich heute überhaupt noch einmal drehen würde – Achtung: Konjunktiv! Ich habe es nicht vor! –, dann müssten die Rollen auf mich zugeschnitten sein. Früher dachte ich: Man kauft mir alles ab! Heute kenne ich meine Grenzen. Und was man von mir ablehnt, das kann ich auch nicht erspielen. Das Publikum hat sich irgendwann so an meinen Typ gewöhnt, dass ich nicht aus der Rolle fallen kann.

Jean Gabin, der Superstar

Einen ausländischen Film pro Jahr wollte ich drehen, das sah meine Karriereplanung vor, um international Fuß zu fassen und neben Deutschland ein weiteres Standbein zu haben. Frankreich entwickelte sich zu einem immer wichtigeren Markt für mich.

Ganz wichtig sind dabei die Filme, die ich mit Jean Gabin drehte. Zweimal stand ich mit ihm vor der Kamera, erstmals 1964, ein Jahr, das für mich ohnehin ein irrsinnig erfolgreiches gewesen ist: Ich erhielt Filmangebote für große internationale Projekte, bekam Gagen, mit denen ich mehr als zufrieden sein konnte, und spielte an der Seite einiger wirklicher Weltstars wie Bob Hope und eben Jean Gabin – Frankreichs Filmikone.

Unser erster Film hieß *Monsieur*. Der Monsieur war natürlich Gabin, ein älterer, vornehmer Herr, von Beruf Bankdirektor, der sich aus Verzweiflung über den Tod seiner Frau das Leben nehmen möchte, im letzten Moment aber von einer Prostituierten, gespielt von Mireille Darc, gerettet wird. Dieses ungewöhnliche Paar beschließt, sein Leben zu ändern und unter einer falschen Identität neu zu beginnen. So heuern die beiden als Butler und Hausmädchen bei dem reichen Ehepaar Bernadac an. Und hier kam ich ins Spiel, als Elizabeth Bernadac, mit Philippe Noiret als meinem Ehemann. Der Film war hochkarätig besetzt, die Dialoge spritzig, eine Filmkomödie par excellence. Und ein Riesenerfolg!

Es war etwas Besonderes, mit Gabin zu arbeiten. Er galt als »le monstre sacré«, wie man in Frankreich sagt, ein Superstar, gerade sechzig Jahre alt geworden, als ich ihn kennenlernte. Gabin war unglaublich, er wiederholte und probierte und wiederholte und probierte …

Noch bevor ich ihn persönlich traf, hatte ich viel darüber gehört, wie es sei, mit ihm zu drehen. Man wurde vor ihm gewarnt. Denn er war ein Charakterkopf, hatte den Ruf, schwierig im Umgang zu sein. Doch bei unserer ersten Begegnung im Atelier habe ich davon nichts gespürt, Gabin knurrte mich nur mit regungslosem Gesicht an und sagte: »Ah, Liselotte!«

Am Set verbreitete er, zumindest bei Regisseuren und Produzenten, geradezu Panik und Angst. Man konnte beobachten, dass sich, sobald ein Regisseur in sein Blickfeld geriet, Gabins Miene verfinsterte, dann murmelte er ein »Merde!« und verschwand in seiner Garderobe.

Aber gegenüber uns Schauspielkollegen legte er eine völlig andere Seite an den Tag, war nachsichtig, ja, manchmal geradezu liebreizend. Und auch geduldig. Mich ließ er sogar Szenen wiederholen, wenn ich ihn darum bat, weil ich der Meinung war, dass ich sie noch besser hinbekommen könnte. Nur eines durfte man nicht tun: Gabin gegenüber zu respektvoll oder gar demütig auftreten. Leute, die vor ihm kuschten, mochte er nicht. So etwas konnte nach hinten losgehen. Wir beide aber fanden schnell einen guten Draht zueinander. Er liebte es, mich aufzuziehen, indem er meinen Schweizer Akzent imitierte.

Liselotte Pulver mit Jean Gabin in *Blüten, Gauner und die Nacht von Nizza*, 1966

Nach dem Erfolg von *Monsieur* wurden Gabin und ich drei Jahre später, 1966, ein zweites Mal als Film-Duo für die Komödie *Blüten, Gauner und die Nacht von Nizza* engagiert. Gabin als begnadeter Banknotenfälscher, ich als die Schweizer Krankenschwester Hilda, verlobt mit Gabins Patensohn, die von einem Leben in der High Society und an der Côte d'Azur träumt, finanziert natürlich von den »Blüten«, die der alte Herr produzierte.

Gedreht haben wir anfangs in Paris, dann in Südfrankreich, in Nizza. Die Arbeit selbst war unheimlich mühsam, da zum einen das Drehbuch kurzfristig umgeschrieben worden war und man deshalb mit dem Textlernen kaum nachkam. Und zum anderen gab es immer noch den Respekt einflößenden Jean Gabin. Im Nachhinein zeigte sich, dass diese Gaunerkomödie ungeplant einer meiner bestbezahlten Filme überhaupt war. Aus einem einfachen Grund: Die Drehzeit musste immer wieder verlängert werden, weil man mit den Tagen, die vertraglich vereinbart waren, nicht hinkam, mit dem schönen Nebeneffekt, dass die Gagen von uns Schauspielern entsprechend in die Höhe getrieben wurden.

Wenn ich von den großen Darstellern des französischen Films spreche, darf einer nicht unerwähnt bleiben: Jean Marais. In der Zeit zwischen den beiden Gabin-Filmen, 1965, entstand die actionreiche Abenteuerkomödie *Le gentleman de Cocody – Pulverfass und Diamanten*. Zwei Gangsterbanden suchen in Afrika nach einem Flugzeug, das mit Diamanten an Bord spurlos verschwunden ist. Der französische Botschafter, Marais, gerät zusammen mit seiner Geliebten, das war ich, zwischen die Fronten der Verbrecher. Jean machte fast alle Stunts in dem Film selbst, was mutig und ungewöhnlich war für einen Star seines Kalibers. Er ließ sich das nicht nehmen. Ein paar der Stunts habe auch ich ohne Double gedreht! Zum Beispiel gab es eine Entführungsszene, bei der wir an einem Hubschrauber angebunden wurden, und der flog dann mit uns davon. Bestimmt hundert Meter hoch! Wir mussten nur gut aufpassen, dass wir richtig und rechtzeitig absprangen, um uns bei der Landung nicht zu verletzen. Das war alles ganz schön akrobatisch. Marais kam auch nicht glimpflich davon, denn bei einer der Verfolgungsjagden brach er sich beide Handgelenke.

Die Dreharbeiten brachten mich erstmals in meinem Leben auf den afrikanischen Kontinent, wir drehten an der Elfenbeinküste, unter erschwerten Bedingungen. Im Vorfeld mussten wir uns diversen Impfungen unterziehen. Und dann die Hitze! Sie machte das Arbeiten auch nicht leichter, aber das feuchte Klima war wenigstens gut gegen mein sommerliches Leiden, den Heuschnupfen. Helmut, mein Mann, begleitete mich zu den Dreharbeiten. So ganz allein in einem fremden Land, in dem ich niemanden kannte, mit einer völlig fremden Filmcrew – da brauchte ich ein bisschen Rückendeckung. *(lacht)*

Sprachen Sie eigentlich so gut Französisch, dass Sie nicht synchronisiert werden mussten?

Wir Schweizer lernen schon in der Schule die französische Sprache. Damals war es zumindest so. Ich habe früh viel gelesen und die Grammatik gepaukt. Meine Großmutter Liéonette, die Mutter meiner Mutter, sprach ausschließlich französisch – ihre Lebensgeschichte wäre ein eigenes Buch wert.

Meine Mutter unterhielt sich mit ihr immer auf Französisch. Und für uns Kinder galt das Gleiche, was manchmal etwas anstrengend war.

Ja, ich habe die Filme in Frankreich immer auf Französisch gedreht. Dabei habe ich mich bemüht, ohne Akzent zu sprechen. Und hatte manchmal das Gefühl, ich hätte ihn abgelegt. Aber dann saß ich im Kino, hörte mir selber zu und dachte: »Von akzentfrei kann kaum die Rede sein.«

Oder ich hörte von einem Franzosen den Satz: »Oh, vous parlez très bien le francais!« – »Oh, Sie sprechen aber gut Französisch!« – womit alles gesagt war. Man kann seine Herkunft nicht verleugnen.

Im Englischen ist es ähnlich. Und auch im Deutschen habe ich meinen Akzent immer behalten, den konnte ich mir nicht abtrainieren. Das liegt am R, das wir Schweizer hinten im Rachen sprechen. Aber das macht nichts, es hat der Karriere nicht geschadet. Am liebsten wäre es mir gewesen – diesen Ehrgeiz hatte ich –, wenn man mich für eine echte Pariserin gehalten hätte. Hat aber nie ganz hingehauen …

Von allen Begegnungen mit französischen Filmgrößen hat wohl die mit Jean Gabin bei mir den nachhaltigsten Eindruck hinterlassen. Fernab des Berufs tickten Gabin und ich in einem Punkt gleich: Uns einte die Passion für Pferde und fürs Reiten. Gabin besaß ein großes Reitgut irgendwo in der Normandie, dorthin zog es ihn, sobald die letzte Klappe gefallen war. Dort verbrachte er am liebsten seine Tage, wenn er nicht arbeiten musste. Und er arbeitete sehr viel, sowohl in Frankreich als auch international, und alle seine Filme liefen gut. In den Drehpausen aber tauschten wir uns über unsere Rennpferde aus. Ich selbst besaß immer Pferde, manchmal mehrere gleichzeitig, und Gabin interessierte sich ganz besonders für »Shakespeare«, meinen Vollbluthengst.

Leider hatte ich nie die Gelegenheit, Gabin auf seinem Gut zu besuchen. Jahre später einmal machten mein Mann und einige unserer Bekannten aus der Reitschule eine Reise in die Normandie und fuhren bei Gabin vorbei. Ich hatte Helmut gebeten, einen Brief von mir mitzunehmen und ihn Gabin persönlich zu überreichen – als kleine Entschuldigung, dass ich nicht dabei sein konnte. Ich weiß, Gabin hat es sehr bedauert, dass ich nicht mitgekommen war. »Und wo ist Liselotte?« soll seine betrübte Reaktion gewesen sein …

Liselotte Pulver während der Dreharbeiten von *Griff nach den Sternen*, 1955

Pferdestärken I:
Von Menschen und Pferden

Als Schweizerin bin ich von Kindesbeinen an viel Ski gefahren, was aber später immer mehr nachgelassen hat. Zum einen fehlte mir die Zeit und zum anderen war ich nie richtig gut darin. Mein Sport war ein anderer: das Reiten!

Infiziert mit der Reiterei wurde ich 1952 durch meine Rolle in *Fritz und Friederike*, meinen vierten Film. Ich war 23 Jahre alt und musste für die Dreharbeiten reiten lernen, was mir sehr leicht fiel, da ich gleich ein gewisses Talent hatte und mich auf dem Rücken eines Pferdes wohl und sicher fühlte. Um diesen Sport professionell zu betreiben, hätte ich aber noch mehr trainieren müssen und körperlich eine andere Konstitution benötigt. Denn Reiten erfordert ein gutes Maß an Kraft.

In *Fritz und Friederike* spielte ich eine Doppelrolle, einen Buben, Fritz, und ein Mädchen, Friederike. Einmal mehr eine Hosenrolle für mich. Friederike wird von ihrem Onkel wie ein Junge erzogen. Sie reitet und ficht und stürzt sich in jedes Abenteuer. Als der Onkel sie ins Mädcheninternat schickt, dauert es nicht lange, bis sie wieder ausreißt, natürlich verkleidet als Junge. Sie schmuggelt sich in eine Kaserne, wo sie sich in einen Offizier verliebt, der sich von Friederike / Fritz aber nicht hinters Licht führen lässt. In dem Film gab es viele rasante Reitszenen und auch ein Rennen, und dazu war es unbedingt notwendig, dass ich fest im Sattel saß. Die Dreharbeiten schaffte ich dann auch ohne größere Blessuren.

Seit diesem Film bin ich eine begeisterte Reiterin. Als ich eine Zeitlang in München lebte, weil ich dort viel gedreht habe, nutzte ich jede freie Sekunde zum Reiten. Es gab Zeiten, da besaß ich drei Pferde gleichzeitig, insgesamt hatte ich in all den Jahren mindestens zwölf Pferde, immer Galopper, die ich selbst reiten konnte. Ich bin aber auch sehr oft runtergefallen. Weniger von meinen eigenen Pferden, aber von fremden. Und nicht, wenn ich ein Rennen geritten bin, sondern nur beim Ausreiten oder auch beim Springen. Das Springen lag mir nicht so sehr. Wenn ich Springunterricht nahm, hat es mich manchmal ordentlich hingehauen, manchmal in jeder Stunde. Aber ohne Schäden! Glück gehabt! Das Foto, das mich mitten im Sprung zeigt, wurde in der Universitäts-Reitschule in München aufgenommen, da habe ich damals Springstunden genommen.

Als wir in Rothenburg die Außenaufnahmen für *Gustav Adolfs Page* drehten, bin ich nach Drehschluss manchmal noch ausgeritten. Meistens mit einem Kollegen, Klaus Hipp, er war das Double von Curd Jürgens für die Reitszenen. Einmal galoppierten wir auf einen Graben zu, und ich entschied mich in letzter Sekunde zu springen – und ab dann kann ich mich an nichts mehr erinnern. Gebrochen habe ich mir dabei zum Glück nichts.

Zu meinen eigenen Pferden hatte ich immer eine ganz starke Bindung. Ich hatte bei ihnen das Gefühl, dass sie mit mir besonders gut gehen, und ich habe mir eingebildet, dass sie mich genauso mögen wie ich sie. Wenn sie mich im Stall begrüßt haben, weil sie mich erkannten, war ich richtig stolz.

Mein Lieblingspferd war Shakespeare, »Shaky«, ein englisches Vollblut, ein Schimmel. Er hat viele Rennen gewonnen, ich selbst habe mit ihm Wettkämpfe bestritten. Als er zu alt für die Rennen wurde, habe ich ihn vom Reitgut in München mit nach Hause genommen, holte ihn zu mir in die Schweiz und brachte ihn in einer Reitschule in der Nähe unter, wo er gut versorgt und weiterhin täglich geritten wurde, auch wenn ich selbst keine Zeit hatte. Ich wollte ihm einen schönen Lebensabend bescheren. Dann gab es Mariello, einen Hengst, der neun Rennen gewonnen hatte. Seine Siegprämien gingen fast für den Unterhalt drauf. Das ist der einzige Nachteil, wenn man Pferde besitzt – der enorm teure Unterhalt. Eines Tages verletzte Mariello sich am Bein, damals sagten mir viele Menschen, ich solle ihn loswerden, der bringe nichts mehr … Das hat mich immer abgestoßen: Wenn man ein Tier nur als Ware sieht, als Wertanlage. Ich habe Mariello behalten und gesund pflegen lassen.

Wie soll ich die Verbindung von Mensch und Pferd erklären? Auf verschiedene Weise sind sie sich ähnlich. Pferde haben Charakter, sie haben einen eigenen Kopf, sie sind intelligente Geschöpfe. Zwischen einem Pferd und seinem Halter besteht ein Treueverhältnis. Mit seinem Besitzer verhält sich ein Pferd einfach anders als mit anderen Reitern. Sie empfinden eine Treue, die sie nicht teilen wollen.

Ich selbst habe an ein paar Amazonenrennen teilgenommen, das sind Rennen, bei denen nur Frauen antreten dürfen. Mit Shakespeare, meinem Vollbluthengst, schaffte ich es auf einen vierten Platz – ich hatte über Wochen richtig hart trainiert und alles gegeben. Ich war ungeheuer stolz! Die beste Platzierung, die ich jemals erreicht habe, war ein zweiter Platz in Wien.

Vor zehn Jahren etwa habe ich mit dem Reiten aufgehört. Ich bin also noch lange geritten, auch als ich schon älter war. Immer mit einem ganz zuverlässigen Pferd, auf dem ich mich sicher fühlen konnte. Am schönsten fand ich es, wenn ich alleine unterwegs war. Ich bin eigentlich nie gerne mit Fremden ausgeritten, weil ich mich nach ihnen richten musste, entweder sind sie schärfer geritten als ich, oder sie konnten überhaupt nicht gut reiten. Man musste sich anpassen, und das gefiel mir nicht. Alleine aber war ich unabhängig, frei, musste mich an keine Zeiten halten. Heute würde ich gerne noch einmal auf dem Rücken eines Pferdes sitzen, aber leider ist es inzwischen viel zu riskant.

Pferdestärken II:
Ohne Auto bin ich kein Mensch

Meinen allerersten Pkw habe ich mir im Jahr 1950 zugelegt. Einen wunderschönen schwarzen Citroën, ein 11er-Model. Sportlich, irrsinnig schick. Der Zeitpunkt des Erwerbs wäre nicht weiter erwähnenswert, wenn ich denn schon hätte Auto fahren können! Konnte ich aber nicht. Ich besaß keinen Führerschein, war aber stolze Besitzerin einer Limousine.

6000 Franken habe ich damals ausgegeben, meine erste Filmgage. Ich wollte mein Geld gut anlegen – da war der Citroën eine echte Occasion, eine Spitzen-Investition. Und endlich wollte ich ein eigenes Auto besitzen. Das war mein Traum. Nur wusste ich halt nicht, wie ich ihn fahre, und dachte mir, den Führerschein mache ich mit links, das wird kein Problem. Falsch gedacht …

Mein Bruder hat mich ein wenig eingewiesen und mit mir geübt, denn mit einem Beifahrer durfte ich ans Steuer. Außerdem nahm ich natürlich Fahrstunden. Dann war es so weit – der Tag meiner Fahrprüfung in Bern. Das Problem war: Am Abend musste ich in Zürich auf der Bühne stehen, meine theoretische Prüfung war aber erst für 16 Uhr angesetzt. Ich stand also ganz schön unter Zeitdruck. Immerhin schaffte ich die Theorie, aber durch die praktische Prüfung bin ich anschließend mit Karacho durchgesaust. Nicht nur, dass ich ständig daran denken musste, meinen Zug nach Zürich zu erreichen – dazu kam, dass mein Citroën, mit dem ich bei der Fahrprüfung antrat, einen ziemlich schlechten Einschlag hatte, der mir an diesem Tag zum Verhängnis wurde. Ich kam aus einer Einbahnstraße, bremste zu spät ab und rammte beim Abbiegen, weil der Citroën blockierte, ein parkendes Auto, dem ich hinten in die Stoßstange fuhr. Dieser Wagen hatte eine Art Anhängerkupplung, in der sich wiederum meine Stoßstange verfing. Und als ich Gas gab und zurücksetzte, fuhr der andere mit. Das war filmreif!

Da war es natürlich aus und vorbei mit dem Führerschein. Nach ein paar Wochen durfte ich einen neuen Versuch starten. Bei der ersten Prüfung war ich noch locker, jetzt, beim zweiten Mal, war ich wahnsinnig nervös. Ich hatte mir geschworen, wenn ich das jetzt packe, dann werde ich nie wieder rauchen. Das hat geholfen. Dieses Mal bestand ich, der Führerschein war mein. Ich habe nie wieder geraucht.

Es gab damals in den fünfziger Jahren übrigens nicht sehr viele Frauen in der Schweiz, die Auto fuhren, und dann noch ihr eigenes. In meinem Bekanntenkreis jedenfalls gab es ansonsten keine. Da war ich schon ein bisschen eine Pionierin.

Das war also Auto Nummer eins: Der Citroën. Ich ließ ihn später von Schwarz in Grün umspritzen und habe ihn vier Jahre lang gefahren. Danach kam ein Wagen, der mir von allen der liebste war, der außergewöhnlichste, der großartigste, ein Wagen mit Seele: der Studebaker, Baujahr 1953.

Mittlerweile hatte ich schon ein paar Filme gedreht, insgesamt neun, und konnte mir die Anschaffung leisten. Nach *Ich und Du* mit Hardy Krüger habe ich alle meine Ersparnisse zusammengekratzt, der Studebaker hat mich 16 000 Schweizer Franken gekostet. Er war ein Neuwagen, ein 53er-Modell,

Liselotte Pulver und ihr Studebaker, 1954

keine Occasion diesmal. Aber phänomenal schön, mit roter Karosserie und einem weißen Dach. Mit dem konnte man auch ganz ordentlich Tempo machen, er fuhr so an die 160 Stundenkilometer schnell.

Der Wagen hat allen gefallen, der war ein großer Erfolg, egal, wo ich mit ihm ankam. Auch wenn ich mit ihm beim Studio vorfuhr, war er ein echtes Ereignis. Ich bin immer selbst zur Arbeit gefahren, habe mich nie abholen lassen wie andere Schauspieler. Dann stand er in München auf dem Filmgelände und wurde bewundert. Und ich war stolz. Nur wenige andere fuhren damals einen Studebaker; einer von ihnen war Vico Torriani, wie ich ein Schweizer, er war Musiker, Schauspieler und Showmaster.

Eines Tages sah ich Vicos Wagen auf dem Gelände der Münchner Bavaria stehen. Er war hellblau, ansonsten das gleiche Modell wie meiner. Der Schlüssel steckte. Ich stieg ein und fuhr den Wagen hinters Atelier, versteckte ihn dort, parkte meinen roten genau dort, wo der andere zuvor gestanden hatte – und wartete ab, was passierte. Nach wenigen Minuten erschien Vico. Setzte sich in mein Auto. Keine Reaktion ... Was war da los? Plötzlich lachte Vico nur noch. Bekam sich gar nicht mehr ein. Er hatte schnell gemerkt, dass ihn da jemand hereinlegen wollte. Und ich kam aus meinem Versteck und lachte mit ...

Waren Sie unfallfrei?

Ach, mein Gott! Es gab jede Menge kleinerer und größerer Unfälle! Allein mit dem Studebaker waren es sechs. Aber nichts Schlimmes, nur Blechschäden.

Als ich zum Beispiel einmal mit meiner Mutter in die Berge fuhr, kam ich zu schnell in eine Kurve und rammte einen entgegenkommenden Wagen frontal. Eine teure Schramme war das. Auf der Strecke zwischen Zürich und Bern passierte es ein anderes Mal, dass ein Fahrradfahrer ganz plötzlich aus einem Feldweg kommend quer über die Straße schoss, ohne abzubremsen, wozu ich auch nicht mehr fähig war. Ich riss das Lenkrad im letzten Moment herum und landete mit meinem Wagen im Acker – und bohrte mich da rein. Der Mann fiel vom Fahrrad, war aber Gott sei dank unverletzt. Die Spitze einer Sense hinterließ ein Loch in meiner Karosserie, das ich dann habe zuschweißen lassen, aber man sieht es heute noch. Eine kleine Erinnerung …

Ende der neunziger Jahre geriet ich völlig unverschuldet auf der Autobahn Vevey – Lausanne in eine Massenkarambolage, die durch die Ölspur eines Busses ausgelöst worden war. Auch das ging glimpflich aus für mich. Zum Glück hatte ich mich an die Geschwindigkeitsbegrenzung gehalten.

Für heutige Begriffe schnell gefahren bin ich eigentlich sowieso nie. Vielleicht 140 oder 160 Stundenkilometer, aber mehr hatte ich nie auf dem Tacho. Ja, gut, auch schon mal an die 200, als ich mir einen Mercedes gekauft hatte. Aber nur ganz kurz und um zu sehen, wie es so ist, wenn die Tachonadel ganz oben auf der 200 steht … Es ist eine Version von Journalisten, dass ich eine Raserin sei. Stimmt gar nicht. Ich fahre nämlich sehr gemütlich! *(Sie sagt dies mit ihrem verschmitzten Lächeln.)*

*Wenn Sie einen Tag lang in der Schweiz das Sagen hätten,
würden Sie das Tempolimit abschaffen?*

Nein, abschaffen würde ich es nicht, es hat schon seinen
Sinn! Aber wenigstens ein kleines bisschen heraufsetzen
könnte man es schon in der Schweiz. Von 120 auf vielleicht
140 Stundenkilometer. Man kann ja noch nicht einmal jemanden überholen, wenn man nur 120 draufhat.

Von allen meinen Autos am längsten gefahren habe ich
meinen Mercedes, von 1979 bis vor zwei Jahren. Danach
schenkte ich ihn dem Erwin Hymer Museum, einem Automobil-Museum in Bad Waldsee. Ich hätte es niemals über
mich gebracht, meinen treuen Gefährten auf einem Autofriedhof zu beerdigen. 466 000 Kilometer hatte er auf dem
Tacho, als ich mich von ihm trennte. Was eigentlich gar nicht
so viel ist, wenn man bedenkt, wie lange ich ihn fuhr, fast
fünfunddreißig Jahre.

Es war ein 280 TE, in Beige. Deswegen bekam er auch
einen hübschen Spitznamen: das fahrende Karamellköpfli!
So haben ihn alle genannt, genau die Farbe hatte er nämlich.

Das Karamellköpfli hat mich überallhin gebracht – kreuz
und quer durch Europa. Mehrere Male nach Paris, ans Meer,
nach Cannes, überall nach Deutschland. Wo immer ich gedreht habe, bin ich mit meinem Wagen angekommen – ich
selbst am Steuer. Für mich auch die angenehmste Art des
Reisens, allein schon wegen meiner Koffer. Ich hatte immer
irrsinnig viel Gepäck, mindestens sechs Koffer. Heute ist
das auch noch so. Mein Auto war von oben bis unten voll
bepackt, unmöglich, so viel im Flugzeug zu transportieren.
Auch wenn ich nur für ein paar Tage verreise, komme ich

niemals mit weniger als vier Koffern aus. Man muss für alles vorbereitet sein, für jedes Wetter, für jeden Anlass, Schuhe und Tasche müssen abgestimmt sein auf die Garderobe. Man muss auch Ersatzgarderoben dabeihaben, und, und, und … So kommen halt ein paar Koffer, Schachteln und Taschen zusammen …

Aktuell fahre ich einen weißen Mercedes Coupé. Ich fahre immer noch gerne und viel. Wenn ich mich zu Hause in Perroy aufhalte, am Genfer See, bin ich aufs Auto angewiesen. Dort ist es sehr ländlich, und man braucht den Wagen jeden Tag, ohne ihn geht nichts. Hier in Bern steht mein Auto meistens in der Garage. Ich fahre gerne alleine, nur auf längeren Strecken ist es mir mittlerweile ganz lieb, wenn ich einen Beifahrer habe. Das gibt mir ein Sicherheitsgefühl, sollte mit dem Auto etwas nicht in Ordnung sein. Bei aller Leidenschaft fürs Autofahren war ich nie in der Lage, selbst etwas zu reparieren, mit Müh und Not konnte ich einen Reifen wechseln.

Es gibt viele ältere Menschen wie mich, die noch selbst Auto fahren. Ich schneide mir ins eigene Fleisch, wenn ich sagen würde, ab achtzig sollte man den Führerschein abgeben. Man muss von Fall zu Fall entscheiden. Manch einer sollte schon mit sechzig einen Chauffeur haben, weil er einfach nicht aufpasst und nichts sieht im Straßenverkehr. Ich würde es aber nicht per Gesetz reglementiert sehen wollen. Mein Bruder beispielsweise ist noch mit neunzig Jahren Auto gefahren – und das sehr gut!

Sind Sie als Beifahrerin eigentlich gut zu ertragen?

Ich würde mich als eine sehr angenehme Beifahrerin charakterisieren. Zumindest hat sich noch keiner beklagt. Ich halte mich in der Regel sehr damit zurück, den Fahrer zu korrigieren oder ihm Anweisungen zu geben – außer er fährt wirklich schlecht.

Der Studebaker ist übrigens in der Familie geblieben. Ich habe ihn vor vielen Jahren meinem Bruder geschenkt, der ihn noch lange gefahren hat. Und jetzt gehört der Studi seinem Sohn, meinem Neffen. Der hat ihn komplett erneuern und alles reparieren lassen. Fährt mit ihm durch Bern – und hält ihn in Ehren. Ein wirkliches Schmuckstück. Ich habe ihn heiß geliebt, meinen Studebaker! Außer mir durfte ihn früher nur mein Bruder fahren, sonst niemand, natürlich die Garagisten, aber das war's auch schon. Er war auch nicht so ganz einfach zu bedienen, denn der erste und zweite Gang haben sich gern mal verhakt, und dann hat's in der Schaltung ordentlich gekracht. Ja, mein Studi führte ein Eigenleben! Er sprang auch nur an, wenn er anspringen wollte. Die Heizung ging an, wenn sie ausbleiben sollte. Die Scheibenwischer lösten sich plötzlich von der Scheibe und standen weit nach vorne ab. Ein Auto mit Charakter eben!

Wenn Sie heute von einem Verkehrspolizisten angehalten werden, zum Beispiel weil Sie zu schnell gefahren sind, haben Sie in der Schweiz einen Promibonus?

Leider nein, die Verkehrspolizisten sind meistens junge Burschen, die haben weder meine Filme gesehen noch kennen sie mich. Dass ich zuletzt wegen zu schnellen Fahrens geblitzt worden bin, mag ungefähr zwei Jahre her sein. Ich befand mich auf der Rückfahrt nach Bern, kam von meiner Schwester. Ich bin einem anderen Wagen hinterhergefahren – wie man sich halt dranhängt an einen, der vor einem fährt – ohne darauf zu achten, wie schnell der war. Die Geschwindigkeitsbegrenzung auf der Straße lag bei 100 – ich hatte mindestens 130 drauf. Dafür habe ich ordentlich büßen müssen. Die Strafe war happig: über 1000 Franken! Am schlimmsten war für mich aber der Führerscheinentzug. Mehr als einen Monat lang durfte ich nicht fahren. Wenn ich meinen Wagen nicht habe, bin ich kein Mensch. Ich musste mich komplett anders organisieren, auf Taxi oder Bus und Straßenbahn umsteigen oder andere darum bitten, dass sie mich fahren. Wo ich auf meine Unabhängigkeit so großen Wert lege!

Zu meiner Schande muss ich etwas gestehen: Als ich kürzlich zu meiner Schwester unterwegs war, habe ich – gedankenverloren – eine falsche Autobahnausfahrt genommen, musste drehen und den ganzen Weg wieder zurückfahren. Darüber habe ich mich so geärgert, über mich selbst, dass ich ziemlich Tempo draufhatte. Wenn mich jetzt jemand blitzt, dachte ich mir, dann ist der Führerschein wieder weg. Ich kam mit großer Verspätung an. Dabei nehme ich's mit der Pünktlichkeit sehr genau. Es gibt Leute, die können nie pünktlich sein, weil sie immer zu spät wegfahren. Bei mir ist es umgekehrt, ich bin lieber etwas zu früh dran. Überpünktlich wie ein Schweizer Uhrwerk!

Traumfabrik Hollywood:
Erste Begegnungen

Das hätte mir gut gefallen: In der Traumfabrik Hollywood leben und arbeiten – und nebenbei die Filmwelt erobern!

Mir war von Anfang klar, ich muss nach Amerika gehen, wenn ich es ernst meine mit meinem Ziel – der großen internationalen Filmkarriere.

Die erste amerikanische Produktion, für die ich engagiert wurde, entstand im Jahr 1958, *A Time to Love and a Time to Die – Zeit zu leben und Zeit zu sterben*, ein Antikriegsfilm nach Erich Maria Remarques Roman. Ursprünglich sollte Paul Newman mein Filmpartner in dem Melodram sein, was mir gut gefallen hätte, aber er sprang im letzten Moment ab, und an seiner Stelle übernahm der damals noch unbekannte John Gavin die Hauptrolle.

John Gavin spielte den Landser Ernst Graeber, der 1944 an der Ostfront kämpft und auf Heimaturlaub nach Hause kommt. Seine Familie kann er in den Kriegswirren nicht finden, aber er trifft die junge Elisabeth Kruse, die von mir gespielt wurde. Deren Vater kam durch Denunziation ins Konzentrationslager. Ernst und Elisabeth verlieben sich und heiraten. Nur wenige gemeinsame Tage bleiben ihnen, bevor Ernst wieder an die Front zurückkehren muss … Ein sehr vielschichtiger Film über die Brutalität des Krieges.

Die Dreharbeiten für *Zeit zu leben und Zeit zu sterben*

fanden in Deutschland statt, Drehbeginn war im August. Sie zogen sich unerwartet in die Länge, wodurch mein Zeitplan für die nächsten Monate durcheinandergeriet. Denn anschließend ging es für mich gleich weiter mit der Komödie *Das Wirtshaus im Spessart*.

Nachdem auch dieser Film abgedreht war, kam für mich ein großes Abenteuer: Ich flog nach Los Angeles, wo ich für *Zeit zu leben und Zeit zu sterben* einige Nachdrehs machen und mich selbst synchronisieren musste. Also auf nach Kalifornien!

Die Wochen dort haben sich in mein Gedächtnis als einige der aufregendsten und spannendsten meines Lebens eingebrannt. Allein der Flug von Europa in die Vereinigten Staaten war damals, Ende der fünfziger Jahre, wie eine Reise ans Ende der Welt: Eine halbe Ewigkeit, so fühlte es sich an, war man mit dem Flugzeug unterwegs, über den Nordpol ging der Flug von sage und schreibe siebenundzwanzig Stunden, heute kaum mehr vorstellbar. Entsprechend kräftezehrend war die Reise. Wenn man endlich gelandet war, war man todmüde und wollte nur noch ins Bett. Aber sobald man der Maschine entstieg, spürte man sofort diese ganz besondere Atmosphäre von Los Angeles. Palmen, Sonne, blauer, wolkenloser Himmel, überall Blumen. Und in Kalifornien roch es auch so anders und gut …

Der »American Way of Life« hat mir gleich zugesagt, ich war jung und wollte alles erleben – und ich habe alles mitgemacht.

Ursprünglich hatte ich geplant, drei Wochen in Kalifornien zu bleiben, so lange, bis meine Arbeit für *Zeit zu leben und Zeit zu sterben* abgeschlossen war. Aber es wurden fast zwei

Monate daraus. Nachdem ich nichts mehr zu tun hatte, überlegte ich mir, die Premiere des Films in Amerika abzuwarten. Ich wollte selbst miterleben, wie das US-Publikum reagiert.

Wenn ich an meine Tage in Hollywood zurückdenke, fällt mir als Erstes immer ein, wie sehr ich vom Studio, von der Presse und auch von den Kollegen verwöhnt und ein bisschen herumgereicht wurde – wie eine Prinzessin. Die Amerikaner sagten immer »Honey« oder »Sweety« oder andere hübsche Sachen zu mir. Das Studio spannte mich stark für die Pressearbeit des Films ein, ständig musste ich zu Terminen mit Zeitungen und Presseagenturen gehen, ich gab Interviews bei Radio- und Fernsehsendern, wurde fotografiert – das meine ich mit »herumgereicht werden«. *(lacht)*

Für meinen Aufenthalt in Los Angeles stellte mir das Filmstudio einen Wagen zur Verfügung, einen fabrikneuen hellblauen Plymouth. Todschick! Wochenlang ohne Auto zu sein – ich weiß nicht, wie lange ich das ausgehalten hätte. Mit dem Plymouth war ich unabhängig und konnte mich frei in der Stadt bewegen. Durch den Studebaker, den ich in der Schweiz fuhr, war ich zwar an amerikanische Autos gewöhnt, aber mit der Automatik musste ich mich erst anfreunden. Auf meiner ersten Spritztour durch Hollywood habe ich mich prompt verfahren und wurde auch noch von einem Verkehrspolizisten angehalten. Der Cop verlangte meinen Führerschein. Dummerweise hatte ich den vergessen. Ich lächelte ihn freundlich an und hielt ihm ersatzweise meinen Schweizer Pass hin. Als der Polizist den sah und merkte, dass ich mich so gar nicht auskannte, ließ er mich schmunzelnd weiterfahren.

Als ich in Los Angeles angekommen war, hatte ich mich anfangs ins legendäre Beverly Hills Hotel einquartiert. In dieser Zeit hielt sich auch Helmut Käutner in L. A. auf, weil er dort einen Film drehte. Ihn kannte ich gut, erst ein Jahr zuvor hatte ich in der *Zürcher Verlobung* unter seiner Regie gespielt. Weil ich mit Helmut und seiner Frau Erika ohnehin viel Zeit in Los Angeles verbrachte, zog ich nach kurzer Zeit vom Hotel um in das Haus, das die Käutners unweit des legendären Sunset Boulevards angemietet hatten und wo sie mir ein Gästezimmer zur Verfügung stellten. Später, als Käutner zurück nach Deutschland geflogen war, mietete ich mir ein eigenes Häuschen. Durch Käutner lernte ich unwahrscheinlich viele Kollegen und interessante Menschen aus der Filmindustrie kennen, ständig wurde ich mitgenommen auf Partys und zu Filmpremieren. Und noch einer lief mir in Hollywood – wieder einmal – über den Weg: Curd Jürgens, auch er war wegen Dreharbeiten in Amerika, lud mich öfter zu sich zum Dinner ein. Auf eines konnte man sich bei Curd verlassen: Bei seinen Abendgesellschaften kam immer eine illustre Gästeschar zusammen – eine Mischung aus Gesellschaft, Kunst und Showbusiness. Legendäre Abende waren das!

Bei all den Filmvorführungen und Premierenfeiern, zu denen man mich einlud, war das Spannendste, die amerikanischen Kollegen zu erleben. Rock Hudson war einer von ihnen. Es gab ein paar gemeinsame Pressetermine, denn wir waren beide für die Universal-Studios tätig. Das Foto mit ihm entstand damals in einem der riesigen Ateliers, wo jedem Schauspieler, der unter Vertrag stand, eine eigene Garderobe eingerichtet wurde. Der Begriff Garderobe trifft es nicht ganz: Das waren ganze Wohntrakte, beinahe schon kleine Häuschen. Vorne an der Tür stand der Name des Stars. Für unser Pressefoto hatte man meinen Namen auf das Türschild von Rocks Garderobe geschrieben. Ich selbst hatte natürlich nicht eine solche Garderobe, allenfalls eine klitzekleine.

Es war ein tolles Gefühl, in Amerika so positiv aufgenommen zu werden. Ich lernte noch weitere Hochkaräter kennen, wie Cary Grant, Robert Taylor und Doris Day. Was ich feststellen konnte: Die amerikanischen Stars waren allesamt professionell und wirkten dabei ganz normal im Umgang, sodass man sofort Vertrauen zu ihnen fassen konnte. Sie waren Leute wie du und ich.

Mit welchem männlichen US-Star hätten Sie gerne mal gedreht?

Ganz klar: Clark Gable!!! Der ist einfach ein Prachtkerl gewesen, in jeder Beziehung – und er war auch ein guter Schauspieler.

Und von den weiblichen Stars hat mir ganz besonders Ingrid Bergman imponiert, eine Europäerin, Schwedin, die in Hollywood zum Star wurde. Ich habe sie leider nie getroffen, ebenso wenig wie Marilyn Monroe, die auf ihre Art einfach großartig war.

Wen ich aber damals in Amerika gesehen habe, das war Marlene Dietrich. Während ich noch auf die Premiere von *Zeit zu leben und Zeit zu sterben* wartete, machte ich eine kleine Tour nach Nevada, ins Spielerparadies Las Vegas. Ich

Liselotte Pulver mit Rock Hudson in Los Angeles, 1958

besuchte ein paar der berühmten Vegas-Shows, zum Beispiel die von Harry Belafonte und Jerry Lewis, ein begnadeter Komiker. Betty Grable, die man heute nicht mehr kennt, war damals eine sehr berühmte Entertainerin. Auch in ihre Show ging ich an einem Abend. Und als ich da saß, traute ich meinen Augen nicht: War das wirklich Marlene Dietrich? Ja, das war sie leibhaftig, aber nicht auf der Bühne, sondern – wie ich auch – mittendrin im Publikum sitzend und Betty Grable applaudierend. Näher bin ich der Dietrich leider nie gekommen. Ich hätte sie gern kennengelernt. Von ihr stammt der Satz »I've been photographed to death« – »Ich wurde zu Tode fotografiert«. Sie hatte immer Scharen von Fotografen und Journalisten um sich. Bei mir war es niemals so schlimm wie bei Marlene Dietrich. Aber es hat auch Momente in meiner Karriere gegeben, in denen ich dieses Gefühl ein wenig kannte …

In Vegas gewann ich neue Eindrücke – und verlor Geld. Beim Glücksspiel. Es war unmöglich, an den Spieltischen in den Casinos vorbeizugehen, ohne wenigstens ein paar Dollar zu riskieren. Ich hatte schnell 75 Dollar verloren, was mich so ärgerte, dass ich mir vornahm, so lange weiterzuzocken, bis ich meine Verluste wieder wettgemacht hatte. Eine Rechnung, die natürlich nie aufgeht … Das tat mir in meiner Schweizer Seele weh!

Die Wochen in Amerika verflogen nur so – zwischendurch machte ich noch einen Abstecher nach Mexiko –, während mein amerikanischer Film auf seine große Premiere wartete – keiner wusste, ob er ein Erfolg werden würde. Was soll ich lange um den heißen Brei reden? Er wurde es nicht.

Zeit zu leben und Zeit zu sterben kam bei den Kritikern sehr gut an, aber er erfüllte nicht die hohen Erwartungen an den Kinokassen. Da es sich um die Verfilmung eines Romans von Erich Maria Remarque handelte, hatten die Produzenten gehofft, der Film würde ebenso einschlagen wie einst *Im Westen nichts Neues*. Es hat nicht sollen sein.

Mein Traum damals war, dass ich nach der Premiere mit Filmangeboten in Hollywood nur so überschüttet würde. Dann wäre ich noch viel länger in Amerika geblieben und vielleicht sogar nach Kalifornien gezogen. So aber brach ich meine Zelte ab und fuhr wieder nach Europa. Ich weiß auch gar nicht, wie ich auf Dauer mit dem Drehbetrieb in Hollywood, dem enormen Druck, dem hohen Produktionstempo umgegangen wäre und ob ich diesen Rhythmus durchgestanden hätte. Von den großen Studios und den großen Stars war ich zwar sehr beeindruckt. Aber es gab eben auch die andere Seite der Medaille, eine andere Seite der Traumfabrik.

1963 habe ich ein letztes Mal in Amerika gearbeitet. Der Film hieß *A Global Affair – Staatsaffären,* mit Bob Hope in der Hauptrolle. Zu dem Zeitpunkt gefiel es mir nicht mehr so sehr in Hollywood, woran ich teilweise selbst schuld war. Denn ich kam völlig abgehetzt zu den Dreharbeiten. Zwei Filme, *Frühstück im Doppelbett* und *Ein fast anständiges Mädchen*, hatte ich in dem Jahr schon abgedreht und war vollkommen erschöpft. In *A Global Affair* hatte ich nur eine kleine Episodenrolle: Sonya, eine russische Forscherin. Insgesamt stand ich vier Drehtage vor der Kamera, musste aber wochenlang warten, bis meine Szenen endlich an der Reihe waren. Ich hatte Heimweh, vermisste meine Familie und war froh, nach meinem letzten Drehtag heimfahren zu können.

Irgendjemand hat mal gesagt: Wenn man über dreißig ist, kann man sich keine Existenz in Amerika mehr aufbauen. Um in einem fremden Land neu anzufangen und Wurzeln zu schlagen, muss man jünger sein, dort heiraten, Freunde finden … Da ist vielleicht etwas Wahres dran.

Post von Legenden: Heinz Rühmann und Gustaf Gründgens

RÜHMANN, DER GRÖSSTE

Meine liebe Klamotten-Dame,

so adressierte Heinz Rühmann einmal einen Brief an mich, das war im Januar 1983,

Du vergisst Deinen Partner nicht. Das finde ich rührend und erinnert mich an Vieles, was wir gemeinsam und meist mit Humor erlebt haben. Mach's auch gut im jungen Jahr. Grüße Deinen Mann. In alter Verbundenheit, herzlichst, Dein Heinz

Die »*Klamotten-Dame*« war ich für ihn. Nicht wegen meines Hangs zu üppiger Garderobe oder viel Gepäck, sondern weil ich die meiste Freude immer dann hatte, wenn etwas schief oder zu Bruch ging – dann haben Heinz und ich uns kaputtgelacht. Ich hatte Freude an jedem Blödsinn.

Heinz Rühmann war zwar von kleiner Statur, aber er war der Größte! Er überstrahlte alle und alles! Er war eine Art Chaplin. Man wusste bei ihm nie, soll man weinen, soll man lachen. Rühmann war unverwechselbar, komisch und liebenswert. Und diese Stimme! Diese wunderbare Stimme!

Liselotte Pulver mit Heinz Rühmann in *Hokuspokus*, 1966

Ich drehte mit Heinz Rühmann zwei Filme, 1965 *Dr. med. Hiob Prätorius* und nur ein Jahr später *Hokuspokus oder: Wie lasse ich meinen Mann verschwinden …?*, beides Verfilmungen von Curt-Goetz-Theaterstücken, beide Male inszenierte Kurt Hoffmann. Einmal war Rühmann der Allgemeinmediziner Dr. Prätorius, der wegen seiner guten Menschenkenntnis und seiner Güte allseits beliebt ist, und ich spielte die ledige Gutsbesitzertochter Violetta, eine seiner Patientinnen. Zwischen diesem ungleichen Paar entspinnt sich ein zartes Band der Liebe, was für Argwohn und Missgunst sorgt. Und in *Hokuspokus* waren Rühmann und ich ein Malerehepaar, das die Justiz zum Narren hält; der Film war Krimi und Komödie zugleich.

Was mich an Rühmann von Beginn an beeindruckte, das war die lange Dauer seiner Karriere. Bis ins hohe Alter drehte er Filme für Kino und Fernsehen und stand auf der Bühne. Was er anpackte, hatte Erfolg, beim Publikum und bei den Kritikern. Am besten gefiel er mir als *Der Hauptmann von Köpenick*.

Als ich Rühmann kennenlernte – bei den Dreharbeiten zu *Dr. Prätorius* –, war er 63 Jahre alt. Obwohl er der deutlich Ältere und Erfahrenere war, hat er mir nie Ratschläge gegeben, und er wäre niemals auf den Gedanken gekommen, seine Kollegen zu korrigieren. Ich konnte gut mit ihm arbeiten. Er selbst hatte immer Riesenrollen zu bewältigen und daher auch gar nicht die Zeit, sich mit anderen zu befassen. Ich denke, er war froh, wenn er seinen eigenen Text gut abgeliefert hatte. Viel Zeit für Privates blieb bei den Dreharbeiten nicht. Es war ein Lehrstück, zu beobachten, wie genau und akribisch er sich in seine Rollen einarbeitete, da war nichts zufällig, alles geplant, einstudiert! Das verlangte er auch von anderen. Es wurde nicht lange herumprobiert, sondern gestellt, gespielt und gedreht. Das musste klappen. Rühmann war eine Respektsperson, und ich musste schon ein bisschen aufpassen, dass ich es mit meinen Herumalbern, mit meinen »Klamotten« nicht auf die Spitze treibe.

»Ohne Sie ist's halb so lustig!«

schrieb mir Gustaf Gründgens, nur weil ich einen Tag freihatte und nicht am Set war.

Gründgens war ein Phänomen, ein Naturereignis – Schauspieler, Regisseur, Intendant in einer Person –, ein äußerst vielbeschäftigter Mann. Ein Künstler bis in die Fingerspitzen.

Mit ihm arbeiten zu dürfen, galt allgemein als ein Ritterschlag. Und den erhielt ich 1960, als ich die Königin Anna von England spielte, die weibliche Hauptrolle in *Das Glas Wasser*, der Verfilmung eines französischen Lustspiels von Eugène Scribe. Gustaf Gründgens war besetzt als Sir Henry St. John, Politiker, Journalist und Ratgeber der Königin. Hilde Krahl spielte die Herzogin von Marlborough und Horst Janson einen jungen Offizier, auf den alle, Königin und Herzogin, scharf sind. Es geht um Intrigen und Ränkespiele am englischen Hof zu Beginn des 18. Jahrhunderts, inmitten der Wirren des Spanischen Erbfolgekriegs. Und alle kämpften sie um meine Gunst, die Gunst der Königin. Gedreht wurde *Das Glas Wasser* unter der Regie von Helmut Käutner in Hamburg.

Das Besondere war: Gründgens stand erstmals nach 1942

HEINZ RÜHMANN   15 - 1 - 83

Brief von Heinz Rühmann an Liselotte Pulver, 1983

wieder vor einer Filmkamera. Ich war sehr nervös! Zumal meine Rolle große Szenen mit Gründgens hatte – und enorm lange Textpassagen. Als ich den fertigen Film später auf der Leinwand sah, konnte ich genau die Passagen erkennen, bei denen ich besonders aufgeregt war.

Die Dreharbeiten fanden in den Monaten Februar und März 1960 statt. Zwischendurch hatte ich natürlich den einen oder anderen Tag frei, dann erholte ich mich im Hotel oder bereitete mich auf den nächsten Drehtag vor. An einem solchen freien Tag klopft es plötzlich an meiner Zimmertür, ein Hotelpage steht davor und überreicht mir einen riesigen, wunderschönen Blumenstrauß. Absender: Gustaf Gründgens. Damit nicht genug: Dem Bouquet ist eine kleine Karte beigelegt, auf der zu lesen war:

»Filmen ohne Sie ist halb so lustig!«

– handgeschrieben höchstpersönlich von Gründgens! Selten habe ich mich über ein Kompliment so gefreut wie über dieses. Später habe ich damit geliebäugelt, bei Gründgens am Theater zu spielen, aber dazu ergab sich leider nie die Gelegenheit.

Liselotte Pulver mit Gustaf Gründgens in *Das Glas Wasser*, 1960

Liselotte Pulver mit Horst Janson in *Buddenbrooks*, 1959

HORST JANSON

Schauspielerkollege, stand mit Liselotte Pulver in den Kinoproduktionen *Buddenbrooks* (1959) und *Das Glas Wasser* (1960) sowie in der Fernsehserie *Sesamstraße* (1980–83) vor der Kamera

Ein Jahr nach den Buddenbrooks *drehte ich mit Lilo zusammen* Das Glas Wasser, *mit Gustaf Gründgens. Lilo spielte Königin Anna von England, und die Story sah vor, dass alle Damen im Film in den jungen Fähnrich Arthur, den ich spielte, verliebt waren, er aber nichts davon merkte, da er ein bisschen tumb war. Den großen Gründgens erlebte ich hinter den Kulissen als sehr jovial, und mir gegenüber, dem Anfänger, als aufgeschlossen und freundlich. Folgende amüsante Geschichte trug sich damals zu: Gründgens war noch Intendant am Deutschen Schauspielhaus in Hamburg und spielte in* Cäsar und Cleopatra, *zusammen mit Ingrid Andree. Eines Tages lud Gründgens uns, Lilo und mich, ein, seine Vorstellung zu besuchen. Und als besondere kleine Zugabe durften wir in seiner Loge sitzen, die ihm als Intendant ganz exklusiv zur Verfügung stand. Wenn Gründgens jemandem Zugang zu seiner Loge gewährte, dann durfte man darin schon eine außergewöhnliche Ehre erkennen. So sahen Lilo und ich uns also die Vorstellung in der Intendanten-Loge an, und, was uns aber gar nicht bewusst war, wir sorgten mit unserem Erscheinen unfreiwillig für Gesprächsstoff und Spekulationen. Denn man weiß ja, dass Gustaf Gründgens homosexuell war, und da tauchte nun plötzlich so ein junger, hübscher Typ in der Intendanten-Loge auf …*

Liselotte Pulver mit Curd Jürgens bei den Dreharbeiten zu
Blüten, Gauner und die Nacht von Nizza, 1966

Curd Jürgens, mein kritischer Geist

Mit Curd Jürgens habe ich in den sechziger Jahren zwei Filme gedreht: *Gustav Adolfs Page* und *Le Jardinier d'Argenteuil*. Wir kannten uns aber schon sehr viel länger, weil wir Anfang der fünfziger Jahre in München fast einmal zusammen auf der Bühne gestanden hätten. Nur fast, denn in der »Kleinen Komödie« sollten wir in einem Theaterstück spielen. Es gab eine einzige Probe in München, und danach beschlossen wir unisono, auszusteigen, bevor es losging. Die Rollen gefielen uns nicht, passten nicht zu uns. Und einen Vertrag hatten wir auch noch nicht unterschrieben. Seit dieser Zeit hatten Curd und ich immer wieder miteinander zu tun, beruflich wie privat.

Curd Jürgens war ein Idol und ein Verführer. Man hatte immer das Gefühl, na, ob man es bei ihm schaffen würde … Man kam bei ihm immer ein bisschen auf dumme Gedanken. *(lacht)*

Kamen Sie auch auf dumme Gedanken?

Nein, nein, nein, er war bereits verheiratet, mit einer Französin, und sie war immer dabei. Im Lauf der Jahre habe ich alle seine Freundinnen und Frauen kennengelernt. Zwischen Curd und mir war es eher so eine Art Kumpanei. Nach dem Drehen gingen wir essen, wir haben einander viel erzählt. Wir schätzten und verstanden uns.

Und immer liefen wir uns über den Weg. Aber eher zufällig. Curd lebte in Südfrankreich, ich in der Schweiz, zeitweise in München, und mein Mann und ich hatten dann das Haus am Genfer See. Wir alle waren viel beschäftigt, Curd drehte Filme auf der ganzen Welt. Wenn ich aber in Frankreich gearbeitet habe, versuchte ich ihn zu treffen. Wie bei meinem ersten französischen Film, *Arsène Lupin*, als wir eine tolle Zeit in Paris verbrachten. Curd war da noch mit Eva Bartok verheiratet, stand aber kurz vor der Scheidung. Später lud er mich in sein Haus in Südfrankreich ein, wo er mit Simone Bicheron lebte, Ehefrau Nummer vier.

Was ich an Curd schätzte, war seine entwaffnende Ehrlichkeit, seine Geradlinigkeit. Eine Charaktereigenschaft, die ich generell wichtig finde. Curd war der kritischste von allen meinen Freunden. Er war der Einzige, der mir schon mal Bescheid gegeben hat, wenn ihm etwas nicht gefiel. Wenn er der Meinung war, dass eine Rolle oder ein Film nicht gut für mich waren, hat er mir das gesagt. Oder auch wenn ich nicht so gut war, auch daraus machte er keinen Hehl. Das war mir manchmal schon fast zu viel an Kritik. *(lacht)*

Über meinen ersten amerikanischen Film zum Beispiel, *Zeit zu leben und Zeit zu sterben*, fällte Curd ein hartes Urteil. Ich hielt mich wegen der Synchronisierung in Los Angeles auf und traf auf einem Empfang, den Walt Disney zu Ehren von Romy Schneider gab, meinen alten Freund Curd. Er sagte zu mir einen Satz, den ich nie vergessen habe:

»Ich habe gerade deinen Film gesehen. Du hast da einen Scheißfilm gemacht!« Und weiter: »Mach schnell einen neuen Film, damit man den hier vergisst!«

Das hat gesessen! Ich war nie besonders gut darin, Kritik anzunehmen. Mein Mann durfte mich natürlich kritisieren. Helmut hat oft Kritik geübt, aber immer sehr milde, und meistens war er auch einverstanden mit meinen Rollen und damit, wie ich sie spielte. Wenn er Einwände hatte, brachte er sie so rüber, dass ich sie akzeptieren konnte. Er kannte mich …

»Du hast einen Scheißfilm gemacht«, diese Worte wären Helmut nie über die Lippen gekommen.

Wie haben Sie auf Kritik reagiert?

Ich habe solche Gespräche meistens ganz schnell abgebrochen und nicht weiter vertiefen wollen. Gewisse Kritik nahm ich mir schon zu Herzen, wenn es zum Beispiel mit meinem Aussehen zu tun hatte, wenn ich nicht gut angezogen war. Diese Kritik konnte ich annehmen und zog daraus Konsequenzen. Aber mit der Schauspielerei war es etwas anderes: Wenn man mich schauspielerisch kritisierte, mochte ich das gar nicht. Das wollte ich nicht hören! Weil ich doch immer das Maximum gab, wenn ich eine Rolle spielte.

Meine Freundschaft zu Curd litt nicht darunter, dass er mir das eine oder andere Mal die Meinung geigte. Und ich war auch anderer Ansicht: In meinen Augen war *Zeit zu sterben und Zeit zu leben* kein so schlechter Film, wie Curd es empfand. Im Gegenteil: Es war ein guter Film! Er war nur kein Geschäft an der Kinokasse, nicht so populär wie meine anderen Filme. Aber das war ausschlaggebend: Wenn ein Film wirtschaftlich nicht so erfolgreich lief, dann war er in den Augen vieler Leute plötzlich auch nicht mehr gut. Das halte ich für Quatsch.

Ich habe anfangs zwei Filme erwähnt, die ich mit Curd Jürgens drehte. Einer davon sollte mein Leben grundlegend verändern: *Gustav Adolfs Page*, 1960. Curd spielte den Schwedenkönig Gustav Adolf und ich seinen Pagen Gustl. Wieder einmal eine Knabenrolle für mich. Dass der Film überhaupt zustande kam, daran hatte ich persönlich maßgeblich mitgewirkt. Warum dieser Film so bedeutend war? Während der Dreharbeiten lernte ich den wichtigsten Menschen überhaupt kennen, die Liebe meines Lebens – meinen Mann Helmut!

Weniger wäre manchmal mehr gewesen ...

Mich als Workaholic zu bezeichnen – damit liegt man nicht ganz falsch.

Wenn ich früher vierzehn Tage nichts zu tun hatte, wurde ich unruhig. Am liebsten hätte ich nonstop gearbeitet. Und ich habe auch oft zu viel gemacht, habe zu viele Angebote angenommen, manchmal sogar gleichzeitig und immer sofort einen Film nach dem anderen. Ohne Pausen, in denen ich wieder hätte Kraft tanken können. Und das war manchmal einfach nicht mehr gut. Ich war nicht mehr gut. Ich war zu müde, konnte nicht mehr konzentriert arbeiten. Wenn der Beruf nur noch Routine ist, dann ist man auf dem falschen Weg.

Warum haben Sie keine Pausen eingelegt?

Der Vorteil war, dass die Arbeit sehr gut bezahlt war. Eine gute Gage wollte man sich nicht entgehen lassen. Und es war ein immerwährender Kampf, ganz oben zu bleiben. Die Sorge, etwas zu versäumen. Eine Chance zu verpassen – was mir auch passiert ist. Also habe ich, anstatt ein Angebot auszuschlagen und einen Film auszulassen, den nächsten auch noch schnell gemacht. Es hat sehr lange gedauert, zu lange, bis ich gemerkt habe: Weniger wäre mehr gewesen!

Diese Erkenntnis hatte ich zwangsläufig auch erst in einer Zeit, als ich weniger Angebote auf den Tisch bekam. Früher lagen mir meistens so viele Offerten gleichzeitig vor, dass ich drei, vier Filme auf einmal hätte drehen können. Ich musste nur aussuchen.

Etwa ab Ende der sechziger Jahre, als sich der Filmmarkt in Deutschland in eine neue Richtung entwickelte, veränderte sich auch meine bislang sehr komfortable Situation. Plötzlich gab es nur ein Angebot, die Filme wurden spärlicher. Dadurch lernte ich etwas, nach all den Jahren, was ich nicht mehr kannte: mehr Zeit zu haben. Die neu gewonnene Zeit zu füllen, fiel mir allerdings schwer. Anstatt immer nur Filme zu drehen, dachte ich mir, könnte ich mich auch anderen Herausforderungen stellen: Wenn schon kein guter Film kommt, warum nicht wieder mehr auf der Bühne stehen?

Was nicht weniger anstrengend ist. Theaterspielen ist eine Frage der Konstitution, es braucht eine wahnsinnige Kraft. Vor allem, wenn ich neben dem Theater dann wieder einen Film gedreht habe und alles parallel passierte: von frühmorgens bis spätabends, erst im Atelier, abends am Theater, am nächsten Morgen wieder früh raus, und das über Wochen und Monate. Wenn man nur noch müde ist, macht der Kopf nicht mehr mit. Dabei immer gut aussehen und textsicher sein, das war zu viel. Aber auch da habe ich mich nicht geschont.

Besser wäre gewesen, es hätte mir jemand den Rat gegeben: »Ruh dich mal endlich richtig aus, dann hast du auch wieder mehr drauf!«

Schon sehr früh, in meinen Anfangsjahren, habe ich die Situation erlebt, dass ich am Ende meiner Kräfte war: als ich nach Hamburg kam, in den fünfziger Jahren, um *Kletter-maxe* zu drehen. Ich hatte unentwegt gearbeitet und bekam Probleme mit dem Kreislauf. Ich war auch immer so irrsinnig dünn und musste aufpassen, nicht noch mehr abzunehmen. Das wäre irgendwann nicht mehr fotogen gewesen. Es war keine einfache Zeit, ich hatte keinen Appetit, konnte nicht schlafen, und das Schlimmste war: Meine Arbeit litt, ich hatte keine Lust auf die Arbeit. Keine Energie. Und dadurch konnte ich mich nicht richtig erholen. Es war ein Teufelskreis. Mein Produzent F. A. Mainz – »Papa Mainz«!!! – war es, der mir aus dieser Krise herausgeholfen hat. Er schickte mich in Hamburg zu einem Arzt, dem er sehr vertraute, zu einem Dr. Teichmann. Einigen seiner Patienten stellte er ein kleines Apartment neben seiner Praxis in der Heilwigstraße zur Verfügung, wo ich sechs Wochen untergebracht wurde. Dr. Teichmann war Naturheilmediziner und mit seinen Behandlungsmethoden damals seiner Zeit weit voraus, zum Beispiel wandte er Akupunktur an und machte mit seinen Patienten autogenes Training. Von ihm wurde ich wieder gesund gepflegt.

Wer hat Sie in beruflichen Fragen beraten?

Beraten hat mich sehr oft meine Schwester Corinne, sie ist Journalistin und Dokumentarfilmerin. Häufig war sie dagegen, dass ich die eine oder andere Rolle annahm, weil sie fand, sie sei zu seicht. Ich musste mich aber auf mich selbst verlassen, auf mein Gespür, welcher Film zu mir passte und welcher nicht. Letztlich lag es an mir, eine Entscheidung zu treffen. Aber Corinne hat mich oft bestätigt, wenn ich mir unsicher war, und sie gab den letzten Ausschlag.

Meine Eltern haben sich aus meinen beruflichen Entscheidungen weitestgehend herausgehalten. Mein Vater ging ohnehin nie ins Kino, und er hätte mich, was die Schauspielerei angeht, auch nicht beraten können. Meine Mutter hat sich in dem Sinne engagiert, dass sie mich ermutigte, einfach mal »Ja« zu sagen zu einem Angebot, weil ich immer furchtbar unentschlossen war. »Ja« oder »Nein«? »Nein« oder »Ja«? Diese ewige Hin und Her, meine Unentschlossenheit machte mich müde und mürbe. Es war jedes Mal eine Schlacht, bis ich mich zu einer Entscheidung durchringen konnte. Und hatte ich mich einmal gebunden und einen Vertrag unterschrieben, kam ich aus diesem nicht mehr heraus, selbst wenn ein anderes Angebot kam, das mir besser gefiel. Verträge musste man einhalten und durfte sie nicht brechen.

Später haben mein Mann und ich uns natürlich gegenseitig in beruflichen Fragen beraten. Wir standen öfter gemeinsam vor der Kamera, nach *Gustav Adolfs Page* war *Kohlhiesels Töchter* unser erster gemeinsamer Film nach dem Kennenlernen. Außerdem haben wir zusammen viel Theater gespielt und sind in TV-Sendungen aufgetreten. Im Großen und Ganzen gingen wir beim Film unsere eigenen Wege, was auch daran liegen mag, dass in seinen Filmen meistens keine passenden Rollen für mich dabei waren.

Bei all Ihrem Erfolg – sind Sie mal abgehoben, zur Diva geworden?

Nein! Überhaupt nicht, eine Diva war ich nie! Ganz im Gegenteil. Die Leute duzten mich, die Fans riefen mich an, machten mir Geschenke, schrieben mir seitenlange, sehr persönliche Briefe. Alle dachten doch, ich bin so wie meine Rollen. *(lacht)* Lilo, der beste Kumpel. Aber abgehoben bin ich dabei nie. Ich war immer bodenständig.

Und eines darf man niemals vergessen: Der Erfolg ist immer nur etwas Vorübergehendes, etwas Flüchtiges. Ich konnte mich nie auf den Lorbeeren des letzten Films, wenn er gut lief, ausruhen, sondern musste immer wieder um neue Rollen kämpfen. Es ist mir nichts in den Schoß gefallen. Ein Film oder ein Theaterstück war zu Ende, und alles ging von vorne los. Gagenmäßig habe ich schon versucht, immer das Beste für mich herauszuholen, aber manches Mal ließ ich mich auch ziemlich unterbuttern.

Welche Ratschläge würden Sie jungen Schauspielerinnen und Schauspielern von heute mit auf den Weg geben?

Lernt! Und nehmt Unterricht! Die Praxis ist das Wichtigste! Lernt bei einem Regisseur, der euch auch in seinem Film oder Theaterstück besetzt, oder bei einem guten Schauspieler. Am besten ist es, man nimmt Einzelunterricht. Für mich war der Wechsel zu einem Privatlehrer die allerbeste Entscheidung. Mir ist klar, dass sich den nicht jeder leisten kann. Aber auf den Schauspielschulen wird häufig nur ein Programm abgespult, man kommt zu wenig zum Spielen, macht am Ende ein Examen – und damit hat es sich. Das A und O aber ist die Praxis. Und welche Fehler man in seiner Karriereplanung vermeiden sollte? Fehler werden sich nie vermeiden lassen, was auch gut so ist. Fehler macht man einfach und lernt das Beste daraus. Ich empfehle aber einen klugen, erfahrenen Ratgeber an seiner Seite zu haben, der

einen auf die richtigen Rollen hinweist. Mir hätte es gut-
getan, wenn mir jemand gesagt hätte: Konzentriere dich
nicht nur auf die ernsten Rollen, du wirkst viel besser in
Komödien! Dieser Ratschlag wäre wichtig gewesen. Ob ich
ihn angenommen hätte, das ist die Frage …

Glück gehört auch immer dazu! Ich hatte unwahrschein-
liches Glück allein dadurch, dass ich so früh auf der Bühne
stehen durfte. Nachdem ich in Bern nicht engagiert wurde
und auf eigenes Risiko zum Vorsprechen nach Zürich fuhr,
war es eine glückliche Fügung, auf Anhieb die drei vom
Schauspielhaus zusammen anzutreffen, also Oskar Wälterlin,
den Theaterleiter, den Regisseur Leonard Steckel und den
Dramaturgen Kurt Hirschfeld, und sie von meinem Talent
überzeugen zu können. Daraufhin gaben sie mir gleich eine
Rolle.

Das Glück, zur richtigen Zeit die richtigen Leute zu treffen, das hatte ich – zum Glück!

Und noch etwas sollte man nicht vergessen: Mein Schau-
spiellehrer Professor Kalbeck hat einmal zu mir gesagt »Ein
Schauspieler muss weder gut noch schlecht sein. Er muss
interessieren!« Und damit hat er recht. Denn eine gewisse
Veranlagung gehört nun einmal dazu, ob jemand für die Öffentlichkeit interessant ist oder nicht. Es ist eine Frage der
Persönlichkeit, und wenn das gewisse Etwas fehlt, nutzt auch
alles Lernen und Studieren nicht viel.

GUNTER FETTE

Rechtsanwalt und Vertrauter von Liselotte Pulver seit 1973

Als anwaltlicher Berater bin ich nun seit mittlerweile mehr als vierzig Jahren an der Seite von Lilo Pulver, und ich bin über die Jahrzehnte ein Vertrauter und Freund in vielen Lebenslagen geworden. Für Lilo Pulver tätig zu sein, ist allerdings nicht immer einfach, da sie oft sehr eigenwillige Vorstellungen davon hat, was für sie gut ist und was nicht. Davon lässt sie sich auch mit noch so überzeugenden Gegenargumenten nicht so schnell abbringen. Man tut in solchen Situationen gut daran, sich an einen Satz zu erinnern, den sie einmal niedergeschrieben hat:

> *»Unter Zwang mache ich*
> *gar nichts, nur freiwillig!«*

Eine Entscheidung zu treffen, ob sie nun etwas machen will oder nicht, hat Lilo immer wieder Probleme bereitet. In einem Brief an mich formulierte sie es einmal so:

> *»Ich bin gerade wieder*
> *im Entscheidungsnotstand.«*

Und der Brief endete – unentschlossen – »mit herzlichen Rentnergrüßen«.

Ein weiteres Bonmot in diesem Zusammenhang kann ich zitieren anlässlich der Entscheidungsfindung, im Jahr 2002

Liselotte Pulver mit Rechtsanwalt und Freund Gunter Fette auf der Feier zu ihrem 85. Geburtstag, 2014

eine Laudatio auf Heinz Rühmann zur Eröffnung der Ausstellung über ihn im Deutschen Filmmuseum in Frankfurt zu halten:

> **»Das könnte vielleicht nicht**
> **ganz unmöglich sein.«**

Das war aber auch schon das Höchstmaß an sicherer Zusage, das ich von ihr auf solche Anfragen erhalten konnte. Lilo Pulver selbst entschuldigt ihre Schwierigkeiten, sich für etwas zu entscheiden, gerne augenzwinkernd mit ihrer Herkunft:

> **»Ich bin aus Bern und komme**
> **deshalb nicht so schnell voran.«**

Angesichts ihrer immer wieder für Verzögerungen und Langsamkeit bemühten Herkunft aus Bern verblüfft ihr Faible für schnelles Autofahren. Sie hat immer wieder in Interviews erklärt, dass sie gerne mit 200 Sachen über die Autobahn rase. Als ich Lilo Pulver vor einigen Jahren zur Verleihung des Schweizer Fernsehpreises in Zürich begleitet habe, fragte ich sie, ob sie mit dem Auto gekommen sei – was sie bejahte. Und zwar mit ihrem alten Mercedes, der nun schon 465 000 Kilometer auf dem Buckel habe. Nur – so schnell fahren ginge nun halt doch nicht mehr. Als ich dazu meinte, dass dies bei ihren fast achtzig Jahren doch wohl nicht so tragisch zu nehmen sei, verblüffte sie mich mit dieser Lilo-typischen Antwort:

»Nein, nein, Sie haben mich missverstanden.
Ich kann noch schnell fahren, aber
mein altes Auto nicht mehr!«

Wenn man mit Lilo Pulver befreundet ist, hat man immer etwas zum Lachen! Sie selbst sagt, ihr Lachen sei ein Geschenk, aber es sei eigentlich ganz einfach: Man müsse nur mit offenen Augen und Herzen durch die Welt gehen, dann sähe man auch dauernd die komischsten Dinge, zum Beispiel Kühe auf der Weide, die »Muh« machen oder einfach nur schauen; Schnecken, die sich graziös bewegen und mit ihren Hörnern die lustigsten Sachen machen. Und Clowns sind für Lilo Pulver sowieso das Größte. Auch wenn sie traurig sind und leiden, können sie immer noch lachen – und es hilft ihnen.

Lilo Pulver, die immer Unentschlossene, aber ich konnte sie doch oft mit meinem Spruch ankündigen: »Lilo Pulver hat wieder einmal gehalten, was sie vorher nicht versprochen hat.« (Aber wie oft habe ich davor geschwitzt: Macht sie es nun? Kommt sie wirklich?) Das bereitete ihr aber kein schlechtes Gewissen mir gegenüber, denn sie meinte, dass ich solche Zitterpartien gut aushalten kann:

»Sie sind ja kein Warmduscher!«

war ihre lapidare Bemerkung dazu.

Die verpasste Chance:
Abschied von Hollywood

Ein einziges Mal in meiner Karriere habe ich einen Vertrag gebrochen und löste damit ein unglaubliches Drama mit meinem Produzenten F. A. Mainz aus. Hintergrund war: Ich hatte für den gleichen Zeitraum einen Theatervertrag für *Kabale und Liebe* am Schauspielhaus Zürich und einen Filmvertrag für *Dr. Holl* abgeschlossen. Das Drehbuch für *Dr. Holl* war mir auf den Leib geschrieben, es sollte mein zweiter Film mit F. A. Mainz werden. Und nun sollten die Dreharbeiten starten, ich aber kam aus dem Theaterengagement nicht raus. Man wollte mich nicht freistellen, verlangte sogar eine Geldstrafe, sollte ich abspringen. Es gab schwierige, endlose Verhandlungen, bis das Theater mich doch freigab. Aber weil sich dieses Chaos so ewig lange hinzog und ich in meiner Verzweiflung auch noch einen Anwalt einschaltete, der alles eher verkomplizierte als vereinfachte, war der Film am Ende auch noch futsch. Nach dieser Episode habe ich mir eines geschworen: Niemals wieder in meinem Leben brichst du einen Vertrag!

Und dieser Schwur holte mich zu Beginn der sechziger Jahre ein, als ich die einmalige Chance erhielt, eine Riesenkarriere in Amerika zu machen. Diese Chance wäre das Historiendrama *El Cid* gewesen, ein aufwendiges Hollywood-Spektakel um den spanischen Helden Rodrigo Díaz de Vivar,

El Cid genannt. In der männlichen Hauptrolle: Charlton Heston! Für den weiblichen Hauptpart war ursprünglich Sophia Loren vorgesehen, aber es kamen Gerüchte auf, dass sie abspringt: Aus verschiedenen Gründen wollte sie den Film plötzlich nicht mehr machen. Deswegen wurde Ersatz gesucht. Und genau in diese Lücke bin ich reingesprungen. Ich wollte diese Rolle! Unbedingt!

Ich setzte mich kurzerhand ins Flugzeug und machte mich auf den Weg nach London, denn dort hatte ich die Chance, mich persönlich mit dem Produzenten Phil Jordan und mit Anthony Mann, dem Regisseur, zu treffen. Die beiden steckten mitten in den letzten Vorbereitungen von *El Cid*. Meine Agentur in Deutschland ließ ich lediglich wissen, dass ich in Amerika einen Film drehen wolle, und aus diesem Grund müsse ich den Produzenten treffen, um ihn von mir zu überzeugen.

In London eingetroffen, stellte man mir zunächst Phil Jordan vor, der mich gleich auf meine Englischkenntnisse abklopfte, ob diese auch ausreichend für eine amerikanische Produktion seien. Das waren sie. Ich sprach gut Englisch, was auch daher kam, dass wir als Kinder immer die amerikanischen Sender im Radio gehört hatten, und hatte keinen besonders starken Akzent. Das passte also.

Anschließend traf ich Anthony Mann, auch er unterhielt sich lange mit mir, wollte alles Mögliche wissen und fragte mich am Ende, ob ich abends mit ihm essen gehen wolle. Natürlich wollte ich. Wir besuchten ein schickes Restaurant, später einen Club. Und das werde ich nie vergessen: Dort an der Bar saß live und leibhaftig Judy Garland! Der Abend verlief bestens, und perfekt wurde er, als Anthony Mann sagte, er wolle mich für die Rolle in *El Cid* haben!

Ich konnte es nicht glauben!

Ich war überglücklich!

Ich hatte es geschafft!

Anstatt gleich zurückfliegen, blieb ich noch ein paar Tage in London und kostete meinen Triumph aus. Der Vertrag wurde ausgehandelt, mein Kostüm schon besprochen. Schließlich rief ich von London aus in München bei meiner Agentin Ilse Alexander an, um ihr die großartige Neuigkeit, dass ich den Vertrag für *El Cid* in der Tasche habe, zu verkünden. Die Reaktion war ganz anders, als ich erwartet hatte.

Anstatt mit mir zu jubeln, sagte Ilse Alexander nur: »Das geht nicht! Du hast bereits einen Vertrag für *Gustav Adolfs Page*!!! AUF GAR KEINEN FALL KANNST DU *EL CID* MACHEN!«

Sie hatte recht. Leider! Der Vertrag für *Gustav Adolfs Page* war längst in trockenen Tüchern. Und nicht nur das: Der Film war ein Herzensprojekt für mich. Ich hatte Himmel und Hölle in Bewegung gesetzt, damit die Produktion zustande kam, war in allen Phasen der Entwicklung maßgeblich involviert und persönlich engagiert. Ich hatte dem Studio den Filmstoff gebracht, mich für Finanzierung und Besetzung eingesetzt. Curd Jürgens hatte als König Gustav Adolf zugesagt – und selbstverständlich wollte ich unbedingt dabei sein, als der Page. Alles war drehfertig. Alle warteten nur noch auf mich.

Meine Agentin sagte mir am Telefon klipp und klar, es gebe nicht den Hauch einer Chance, dass ich aus dem Vertrag für *Gustav Adolf* herauskäme. Mir drohe eine saftige Konventionalstrafe, wenn ich vertragsbrüchig werde. Und beide Filme zu drehen sei zeitlich schlichtweg unmöglich.

Was tun? Ich versuchte wirklich *alles*, um *Gustav Adolf* hinauszuzögern. Mit Curd überlegte ich mir die Taktik, dass wir beide so taten, als seien wir uns uneinig über den Schluss des Films – ich bestand auf ein tragisches Ende und Curd auf ein komisches.

Aber das alles ging nicht auf, es half nichts. Irgendwann war der Zeitpunkt gekommen, dass ich *El Cid* den Laufpass geben musste … Schweren Herzens.

Was soll ich sagen? Diese Situation war die schlimmste, die ich in meiner beruflichen Laufbahn jemals erlebt habe! Es war ein Scheideweg.

Ich musste bei *El Cid* aussteigen. Und das ärgert mich heute noch!

Diese verpasste Gelegenheit … vielleicht auf eine Weltkarriere! Ich hatte es in der Hand!

Wenn ich den Vertrag für *Gustav Adolf* gebrochen hätte, dann hätten sie mich umbesetzt. Vielleicht hätte ich eine Geldstrafe bezahlen müssen – wäre das so schlimm gewesen? Aber ich hätte einen Vertrag gebrochen und damit meinen eigenen Schwur verletzt. Und ich hatte versprochen, ich spiele den Pagen, und daraufhin wurde das Drehbuch geschrieben, die Produktion vorbereitet, mein Filmpartner engagiert – alles war fest ausgemacht. Es war die schlimmste Zwickmühle, die ich mir vorstellen konnte.

Sophia Loren bekam dann meine Rolle in *El Cid*. Sie hatte es sich wohl noch einmal anders überlegt, nachdem ich hatte absagen müssen. Für die Loren war es ein Film mehr oder weniger in ihrer Karriere. Für mich hätte es der internationale Durchbruch sein können.

Ich konnte mir später den Film nicht einmal anschauen. Ich habe *El Cid* nie gesehen … Die große Hollywood-Karriere war zwar erst mal wieder in weite Ferne gerückt, doch bei den Dreharbeiten zu *Gustav Adolfs Page* lernte ich ja dann Helmut Schmid kennen, meinen Mann.

Das hört sich nach schicksalhafter Fügung an …
Es war wirklich schicksalhaft. Denn wer weiß, was ich sonst für einen Mann bekommen und ob ich die große Liebe jemals gefunden hätte … Was ist Schicksal? Es ist die Summe von Entwicklungen, die irgendwann logisch in ein Zentrum laufen. Schicksal hängt davon ab, wie man selbst lebt, was man tut, und daraus ergeben sich Folgen. Und die logische Folge – mein Schicksal –, das war meine Ehe mit Helmut!

Wie würden Sie heute entscheiden im Fall von El Cid?
El Cid abzusagen, war im Nachhinein gesehen ein Fehler. Anders kann ich es nicht sagen. Vielleicht würde ich es heute anders machen. Bei der Frage, wie ich mich heute entscheiden würde, spielt mein Wissen, wie ich meinen Mann kennenlernte, mit hinein. Also kann ich diese Frage nicht wirklich beantworten.

Außerdem sage ich mir, wer weiß, ob mir *El Cid* Glück gebracht hätte. Nach Amerika wollte ich zwar immer, diesen Ehrgeiz hatte ich, dagegen stand aber meine Anständigkeit. Ich wollte kein krummes Ding machen, so etwas zahlt sich nie aus. Man muss ehrlich bleiben und dankbar sein. Denn in einem Moment hat man noch Erfolg, und im nächsten kann die Welt schon ganz anders aussehen. Wir Berner sind langsam und zuverlässig. Haben wir unser Wort gegeben, dann zählt das!

Was ich heute grundsätzlich anders machen würde als früher: Ich wäre härter und würde besser verhandeln, würde mir nicht mehr alles gefallen lassen. Wenn es um Verträge ging, habe ich mich manchmal ganz schön unterbuttern lassen. Da wäre ich heute anders.

Die Rollen meines Lebens

Rückblickend zu sagen, welcher meiner Filme mir der liebste war, an welchen ich besonders gerne zurückdenke oder welcher mir am meisten bedeutet, das fällt mir schwer. Denn es spielen bei solchen Abwägungen auch immer private Erinnerungen und Situationen mit hinein. Manch einer meiner Filme war ein großer Erfolg, er entstand aber in einer Zeit, in der ich privat nicht glücklich war. Und umgekehrt gibt es Filme, die nicht gerade von Erfolg gekrönt waren, aber ich befand mich in einer guten, zufriedenen Lebensphase. Man hat so die Tendenz, einen erfolgreichen Film für seinen angenehmsten zu halten, aber das ist eben nicht immer so. Das wäre zu kurz gedacht.

Wenn ich aber eine bestimmte Rolle herausheben müsste, dann würde ich – von ihrer Substanz her, ich weiß nicht, ob auch unbedingt von meiner Leistung – die Toni Buddenbrook in der Kinoverfilmung der *Buddenbrooks* als meine beste Rolle bezeichnen. Denn es war die komplexeste und vielseitigste Rolle meiner Karriere. Vom Übermut bis zur Tragödie – sie beinhaltete alles. Man durfte, da es sich um eine literarische Vorlage handelte, kein Wort ändern und musste sich haargenau an die Dialoge halten.

Das Meisterwerk von Thomas Mann wurde im Jahr 1959 als Zweiteiler fürs Kino produziert, in Schwarzweiß. Alfred

Liselotte Pulver mit Nadja Tiller und Hansjörg Felmy in *Buddenbrooks*, 1959

Weidenmann führte Regie und Erika Mann, die Tochter von Thomas Mann, besuchte mehrfach die Dreharbeiten und stand uns beratend und unterstützend zur Seite. Der Film war hochklassig besetzt. Mit Hansjörg Felmy, mit dem ich mich besonders gut verstand, mit Nadja Tiller und Hanns Lothar, auch die große alte Garde war dabei, wie Lil Dagover und Gustav Knuth. Und Horst Janson, damals noch ein ganz junger Bursche, vielleicht 18 oder 19 Jahre alt. Ich habe ihn als einen sehr höflichen Mann in Erinnerung, sehr begabt. Und auch als Mann war er interessant, ja, ein Typ, der mir eigentlich gefiel, aber natürlich viel zu jung für mich war. *(lacht)*

HORST JANSON

Ich kam frisch von der Schauspielschule der UFA, hatte noch nie einen Film mit Lilo gesehen, zumindest nicht bewusst – und da stand ich plötzlich bei meinem allerersten Film mit ihr vor der Kamera – das war 1959 in der Verfilmung der Buddenbrooks. *Lilo bekam natürlich eine der wichtigsten Rollen, die der Toni Buddenbrook, die Tochter der Kaufmannsfamilie; ich spielte den Medizinstudenten Morten Schwarzkopf, die Jugendliebe von Toni. Es gab da diese wunderschöne Szene am Strand in Travemünde: Toni und Morten sitzen auf den Steinen, er erzählt ihr von revolutionären Ideen, die ihm im Kopf herumschwirren, und wie er die Gesellschaft verändern möchte – und Toni verliebt sich in ihn. An diese Szene am Strand erinnere ich mich besonders – nicht nur weil ich jung und voller Lampenfieber war und Lilo eine der bekanntesten deutschsprachigen Schauspiele-*

rinnen –, weil ich nie wieder in meinem Leben eine Szene so oft habe wiederholen müssen. Bei den Buddenbrooks *spielten nur große Stars mit – und ich war ein völlig unbeschriebenes Blatt und entsprechend nervös bei den Dreharbeiten, und so mussten wir die Strandszene dreizehnmal drehen, bis sie im Kasten war. Wobei das nicht allein meiner Aufgeregtheit geschuldet war, widrige Umstände – der Wind, das Meer, lange Kamerafahrten – taten das ihrige … Lilo jedoch konnte all dies nicht aus der Ruhe bringen – ich lernte sie als liebenswerten Kumpel kennen. Wir fanden schnell einen Draht zueinander und gingen nach Drehschluss öfter zusammen essen – in einem chinesischen Restaurant in Hamburg, gleich beim Hotel Atlantic. Mit Lilo konnte man sich über Gott und die Welt unterhalten und natürlich über die Arbeit. Bei aller Zuneigung: Gefunkt hat es zwischen uns nie, was zwischen uns ablief, das war rein platonisch! Ein großer Vertrauensbeweis war es, als mich Lilo, ihres Zeichens eine große Autoliebhaberin, einmal um den Gefallen bat, ihren Studebaker von Hamburg nach Zürich zu fahren, weil sie das Flugzeug nehmen musste. Ich lieferte ihren Wagen dann auch kratzerfrei in der Schweiz ab.*

Was mir noch besonders auffiel und gefiel an Lilo: Sie behandelte alle Leute immer gleich, egal, ob es sich um ihre Star-Kollegen handelte oder um Techniker, Kameraleute, das Team. Das machte sie in gewisser Weise für mich zu einem Vorbild, denn ich habe mich gleichzeitig immer gefragt, warum es Schauspielkollegen gibt, die arrogant auftreten und andere von oben herab behandeln. Das war bei Lilo überhaupt nicht der Fall, da habe ich mir von ihr ein Scheibchen abgeschnitten.

Ich bin einfach so! Ich rede mit jedem, und das ganz so, wie mir gerade zumute und der Schnabel gewachsen ist. Wenn ich einen Menschen interessant finde, frage ich nicht als Erstes: Welchen Beruf haben Sie? Ich frage nicht, was jemand macht. Eher habe ich dann mal einen Mann gefragt, ob er verheiratet sei ... *(lacht schallend)*

Beim Kinopublikum fanden die *Buddenbrooks* trotz des riesigen Staraufgebots nur mittelmäßigen Anklang. Aber meine Rolle war ein Traum!

Bei der Frage, welche Filme bei meinen Fans am besten ankamen, muss ich unterscheiden zwischen dem Schweizer und dem deutschen Publikum. In der Schweiz waren die Uli-Filme ein bombastischer Erfolg, zwei Heimatfilme aus den fünfziger Jahren, *Uli der Knecht* und ein Jahr später die Fortsetzung *Uli der Pächter*. Sie wurden auf Berndeutsch gedreht, die Schweizer Sprache ist ja kantig und kräftig. Die Uli-Filme waren in der Schweiz eine wahre Explosion, sie brachen alle Rekorde an den Kinokassen.

In Deutschland denkt jeder natürlich sofort an die Piroschka, aber auch an *Kohlhiesels Töchter*. Diese Doppelrolle – die abschreckende Susi und die anziehende Liesel – habe ich irrsinnig gerne gespielt. Es war bereits die fünfte Verfilmung dieses Bauernschwanks, und mit Abstand die erfolgreichste. Was mich daran reizte: Es war die Geschichte von *Der Widerspenstigen Zähmung*, das Motiv der ungleichen Schwestern, angelehnt an das Shakespeare-Stück, ein klassisches Thema also.

Die ungleichen Schwestern, das waren die Töchter vom Gastwirt Kohlhiesel: Die eine, Susi, war derb und unfreund-

Liselotte Pulver in der Doppelrolle Liesel und Susi in *Kohlhiesels Töchter*, 1962

lich, die andere, Liesel, charmant und attraktiv. Nun hatte Kohlhiesel seiner verstorbenen Frau versprochen, dass die schöne Liesel erst dann heiraten dürfe, wenn er einen Bräutigam für Susi gefunden habe. Und so gab Kohlhiesel eine Heiratsannonce auf, was für vielfältige Verwirrungen sorgte …

Die Zeichen – oder die Sterne – für *Kohlhiesels Töchter* standen von Anfang an auf Erfolg: Es war Film Nummer 33 in meiner Laufbahn. Und während wir drehten, wurde ich 33 Jahre alt. Helmut hatte mich ermutigt, die Rolle anzunehmen. Er selbst spielte auch mit, Toni, den Freund von Liesel.

Wir drehten von Oktober bis November 1962. Diese Wochen waren ebenso lustig wie strapaziös, Letzteres, weil ich wegen der Doppelrolle Susi / Liesel in fast jeder Szene auftauchte – und das auch noch meistens zweifach. Es ging mächtig rasant zu.

Helmut und ich durften im Film auch singen. Susi und Liesel gaben ein schwesterliches Duett in der Küche zum Besten …

Jedes Töpfchen find' sein Deckelchen
jeder Kater find' die Katz
jedes Knöpfchen find' sein Fleckelchen
jedes Mädchen seinen Schatz.

Das Glück kommt über Nacht,
vielleicht eh Du's gedacht,
hoff' nur ein bissel drauf
und halt die Augen auf;
die Liebe winkt auch Dir, das glaube mir …

… und das wurde ein regelrechter Hit, den damals jeder mitsingen konnte!

Als Liesel am Bahnhof ankommt und aus dem Zug steigt, steht zu ihrem Empfang Toni, also Helmut, mit dem kompletten Dorf-Chor bereit und singt ihr ein Ständchen, erst alle zusammen und dann Helmut in einem Solo: »Komm heim in das Land deiner Väter, das einst schon als Kind dich geliebt …«

Das Singen fiel mir gar nicht schwer. Als Schauspielschülerin hatte ich Gesangsunterricht bekommen, wichtig für die Stimmbildung. Für Musical- und Operettenrollen hat meine Stimme nie gereicht. Ich habe eine Sprechstimme. Aber so ein hübsches Liedchen wie »Jedes Töpfchen find' sein Deckelchen« konnte ich schon trällern – hat mir auch Spaß gemacht!

Welche der beiden Schwestern haben Sie lieber gespielt?

Von den beiden mochte ich natürlich die hässliche lieber! *(lacht)*

Bei ihr konnte man so richtig draufdrücken! Susi und Liesel waren vielleicht auch Sinnbild für die zwei Seiten in mir: die tramplige und die selbstbewusste junge Frau. Optisch besser gefallen hat mir schon die hübsche Liesel. Ich sehe ja gern anständig aus. Manchmal bin ich aber auch Susi, dann genieße ich es, wenn ich mich nicht zurechtmachen muss, na ja, vielleicht nicht ganz so extrem. So würde ich mich nicht auf die Straße trauen.

Hódmezővásárhelykutasipuszta

Sieben Jahre vor *Kohlhiesels Töchter*, 1955, kam *Ich denke oft an Piroschka* in die Kinos. Ein Film, der alles veränderte. Und den ich erst partout nicht drehen wollte. Bereits das gesamte Jahr war für mich sehr arbeitsintensiv gewesen. Los ging es mit *Griff nach den Sternen*, ein Film mit Erik Schumann, in den ich mich wahnsinnig und hoffnungslos verliebte, dann folgten *Hanussen* mit O. W. Fischer und der zweite Uli-Film, *Uli der Pächter*, in der Schweiz – ein ziemliches Pensum. Und jetzt lag auch noch das Angebot für *Piroschka* auf dem Tisch.

Als meine Agentur damit ankam, begann ich wieder einmal zu hadern, war unentschlossen, blieb aber bei meiner Verweigerungshaltung, habe wieder und wieder nein gesagt. Neben meiner Erschöpfung gab es weitere Gründe: In meinen Augen war es undenkbar, dass das Publikum eine Figur wie die Piroschka akzeptierte, die den ganzen Film über mit einem wirklich starken – ungarischen – Akzent spricht. Außerdem war ich erneut in einer Phase, in der ich nur ernste Rollen annehmen wollte – und habe nicht erkannt, dass in Piroschka bei aller Leichtigkeit auch sehr viel Ernstes mitschwang.

Ich hatte damals einen ganz anderen Film im Sinn, den

Liselotte Pulver in *Ich denke oft an Piroschka*, 1955

ich drehen wollte. Weil ich mich in Erik Schumann verliebt hatte, war ich erpicht auf eine Frauenrolle in seiner nächsten Produktion. Kurzum, ich war nicht scharf auf die Piroschka!

Nur meiner permanenten Müdigkeit und Überarbeitung in diesem aufreibenden Jahr habe ich es zu verdanken, dass ich am Ende den Vertrag unterzeichnete. Eines Abends standen der Produzent Georg Witt und meine Agentin Ilse Alexander bei mir in Zürich vor der Tür. Ohne Ankündigung. Sie hatten sich fest vorgenommen, mich endlich umzustimmen. Tagsüber hatte ich im Atelier gearbeitet, und ich war überhaupt nicht in der Stimmung für abendlichen Besuch. Aber sie redeten und redeten auf mich ein und wollten einfach nicht weggehen. Und ständig schenkten sie mir Cognac nach. Ich wollte nur eines: Endlich ins Bett! Und nur aus diesem Grund habe ich irgendwann aufgegeben und gesagt: »Ja, Herrgott, ich mache es! Wo muss ich unterschreiben?«

Eine Entscheidung, die ich nie bereuen sollte!

Piroschka hieß die 17-jährige Tochter des Bahnhofsvorstehers Istvan Rasc, der von keinem Geringeren als Gustav Knuth gespielt wurde. Der Film spielte in einem kleinen Ort in Ungarn, irgendwo mitten in der Puszta. Andreas – Gunnar Möller – war ein deutscher Austauschstudent, der im Jahr 1925 für einige Wochen nach Ungarn kommt. Er lernt Piroschka kennen und verliebt sich unsterblich in sie – und sie sich in ihn. Bald schon sind die beiden unzertrennlich. Im Leben von Andreas aber gibt es eine andere Frau, Greta. Andreas ist hin- und hergerissen zwischen der süßen Piroschka und Greta. Als seine Ferien in der Puszta zu Ende gehen und er abreisen muss, verspricht er wiederzukommen. Was nie geschieht. Der Film endet mit Andreas' Worten:

»… als ich am Morgen nach Hause fuhr, war ich fest entschlossen, Piroschka wiederzusehen, aber wie so oft im Leben kam es anders – wir sind uns nie wieder begegnet. Vielleicht sollte es so sein, denn wenn ich heute an Piroschka denke, ist sie immer jung und süß und 17 Jahre …«

Eine Romanze ohne Happy End. Darum ging es in *Piroschka*. Der Film hat die Menschen tief berührt.

Für die Außenaufnahmen fuhren wir drei Wochen lang nach Jugoslawien und drehten an der Grenze zu Ungarn, denn nach Ungarn selbst durften wir wegen der politischen Situation – wir befanden uns mitten im Kalten Krieg – nicht einreisen. Aber auf der jugoslawischen Seite der Grenze sah es landschaftlich genauso aus wie in der Puszta. Unsere Crew war in einem Kurort namens Palic untergebracht. Danach folgten noch einmal vier Wochen lang Dreharbeiten in München, die Innenaufnahmen. Gunnar Möller, der den Andreas spielte, war ein richtiger Berliner, ich mochte ihn sehr, ein klasse Typ, mit dem man Pferde stehlen konnte. Wir waren ein Traumpaar – aber nur vor der Kamera.

Dass *Ich denke oft an Piroschka* ein solcher Sensationserfolg würde, damit hätte niemand von uns gerechnet. Bei der Uraufführung in einem Kölner Kino zeichnete sich der Erfolg auch nicht gleich ab. Es dauerte zwei Wochen, bis es sich herumgesprochen hatte, dann waren die Kinos auf einmal voll und *Piroschka* ein Hit. Und ich bekam ein Angebot nach dem anderen. Das Telefon stand nicht mehr still.

Die Rolle der Piroschka machte Sie endgültig zum Star des deutschen Nachkriegsfilms – und man hat Sie zeitlebens mit ihr identifiziert …

Ich habe einfach mich selber gespielt – nur mit Akzent. Piroschka war ein Mädchen, in dem ich mich teilweise wiedererkannte. Es ist die Rolle, die mir selbst am nächsten war. Ein Naturkind, unbefangen, ein bisschen naiv, von außen betrachtet ohne Probleme, voller Liebe, aber dann doch mit einem tragischen Zug, im Verzicht auf die Liebe. Sie hat eine lustige und eine traurige Seite, immer hin- und hergerissen. So wie ich eine Situation selbst erleben würde, so habe ich es im Film gespielt. Ich war unbeschwert, ehrgeizig, wollte immer nur das Beste, habe mich manchmal selbst überschätzt … Das alles steckte ein bisschen in der Piri, die einfach kam, sah und siegte!

Ich denke oft an Piroschka gehört zu den Filmen, die mir am liebsten waren. Und dieses süße 17-jährige Mädchen war eine Traumrolle.

Dass *Piroschka* ein zeitloser Film wurde, der die Menschen heute noch verzaubert, liegt vor allem an Kurt Hoffmann, der Regie führte. Hoffmann, der Meister der leichten Muse, hat einmal etwas sehr Kluges gesagt: »Humor ist eine ernste Sache.«

Mich zog er bei den Dreharbeiten immer damit auf, dass ich so lange gezaudert hatte, den Vertrag zu unterzeichnen. Dann sagte er zu mir: »Sonst hätte ich die Bardot genommen! Dein Glück, dass sie keine Zeit hatte!«

Liselotte Pulver mit Wolfgang Müller (links) und Wolfgang Neuss (rechts) in der Kurt-Hoffmann-Komödie *Das Wirtshaus im Spessart*, 1957

Insgesamt zehn Filme, darunter einige meiner größten Kino-erfolge, habe ich mit Kurt Hoffmann gedreht, unter anderem die Spessart-Trilogie und die Filme mit Heinz Rühmann. Hoffmann war bahnbrechend für meine Karriere, und es ist ein großes Glück, dass ich an ihn geraten bin. Ihm und seinem Können habe ich es mit zu verdanken, dass die Menschen sich bis heute an meine Filme erinnern.

In beruflichen Dingen waren wir ein einmaliges Gespann. Kurt konnte über jeden Schwachsinn lachen, den ich verzapft habe. Und er hatte eine besondere Gabe: Er vermittelte seinen Schauspielern immer ein Gefühl von Sicherheit, ihm gefiel alles, was man als Schauspieler tat, man konnte übertreiben und erfinden. Nur wenn es ihm zu bunt wurde, so hat man mir später erzählt, ist er zur Cutterin gegangen und hat ihr zugeraunt: »Schneid das mal weg …«

Können Sie den Ortsnamen aus »Piroschka« noch auswendig?

Hódmezővásárhelykutasipuszta!!!!

Das kam ja wie aus der Pistole geschossen!

Ja, und das geht nie wieder weg. Ich kann den Namen nicht nur auswendig aufsagen, ich kann ihn sogar schreiben. Hódmezővásárhely ist ein Ort in Ungarn – und Kutasipuszta ist ein anderer: Die beiden Orte liegen an der gleichen Bahn-linie, und man hat ihre Namen für den Film einfach zusammengesetzt. Ich musste damals ein paar Sätze auf Ungarisch lernen, um sie als Piroschka im Film sprechen zu können. Zum Beispiel:

»Aki mäsnak vermet ås maga esik bele!« – »Du sollst nicht nach den Gänsen schlagen«, heißt das.

Liselotte Pulver in Ungarn, 1974

Warum ausgerechnet dieser Satz bei mir hängen geblieben ist, weiß der Himmel! *(lacht)*

Manches, was man sich als Schauspieler in den Kopf gepaukt hat, behält man einfach, auch wenn Jahrzehnte vergehen. Selbst von den Buddenbrooks habe ich noch einiges parat. Nicht in aller Vollständigkeit, aber wenn ich jetzt das Drehbuch hier hätte, könnte ich sofort loslegen.

Erst viele Jahre nach den Dreharbeiten zu *Ich denke oft an Piroschka*, Mitte der siebziger Jahre, bin ich einmal dorthin gefahren, wo der Film spielte. In die Puszta. Ich war zu Dreharbeiten in Budapest. Als ich ein paar Tage freihatte, nutzte ich die Gelegenheit und klapperte die Orte der Piroschka ab. Der *Stern* begleitete mich und machte daraus eine große Geschichte. »Auf der Suche nach der richtigen Piroschka«. So war die Reportage überschrieben. Diese kleine Reise in die Vergangenheit werde ich nie vergessen. Eine Menge Erinnerungen an eine schöne Zeit kamen auf. Interessanterweise kannten viele Ungarn, denen wir in Puszta, auf dem Land, begegneten, unseren Film von 1955 …

Aus der *Stern*-Reportage von 1974:

»Sie wolle, so erklärte Liselotte Pulver, endlich einmal jenen unaussprechlichen kleinen Ort mit den 28 Buchstaben sehen, in dem sich vor nunmehr 52 Jahren die Piri in den Studenten Andreas alias Hugo Hartung verliebt habe – denn diese Geschichte ist authentisch. (…) Das Land hat sich seit Piroschkas Zeiten kaum verändert. Auf den Feldern krächzende, schwarze Kolkraben, ab und zu ein hölzerner Ziehbrunnen, Bauern mit Pferdewagen voller Maiskolben, auf

dem Kopf den traditionellen Subara, die hohe Pelzmütze. Weißgekalkte Gehöfte mit weißen Gänseheeren davor, wie von Sonntagsmalern dahingetupft. Der Pulver fällt ein Satz von Hugo Hartung ein: ›Die Puszta – das ist oben Himmel und unten nix ...‹«

(Anmerkung: Hugo Hartung war Autor der Romanvorlage für den Film.)

GUNNAR MÖLLER

Er drehte mit Liselotte Pulver den Film *Heidelberger Romanze* (1951) und war Filmpartner in dem Kinoklassiker *Ich denke oft an Piroschka* (1955)

Wer könnte etwas gegen Lilo Pulver sagen?
Sie ist so ein Bündel an Freude und an Lebensfreude!

Der erste gemeinsame Film, den wir 1951 machten, hieß Heidelberger Romanze, *damals lernten wir uns kennen, hatten bei den Dreharbeiten aber kaum miteinander zu tun. Der Film war eine Geschichte über Studentenpaare und spielte in Heidelberg. Meine Partnerin im Film war Gardy Granass, Lilos Filmpartner war O. W. Fischer. Danach trafen wir uns immer mal wieder, zum Beispiel bei Filmpremieren, und schließlich kam* Piroschka.
Das Komische war, als man mir die Rolle anbot, dass man mich als Erstes fragte:
»Welche Augenfarbe haben Sie?«

»Blau!«

»Schade, schade, wir haben den Hans Leibelt schon engagiert, der Ihre Rolle im Alter spielt, schade, aber der hat braune Augen, und wir sind doch beim Farbfilm. Es geht nicht, dass die Figur erst blaue Augen und später braune hat …«

So streng war man damals, aber unser Regisseur sprach ein Machtwort, das sei doch alles Quatsch und interessiere keinen. Und so bekam ich die Rolle des Austauschstudenten Andreas.

Wenn ich an die Zusammenarbeit mit Lilo denke, kann ich nur Gutes berichten, vor allem von ihrem ganz eigenen, ungeheuren Humor – auch über sich selbst kann sie lachen! In diesem Zusammenhang hat mir unser Kostümbildner damals folgende Geschichte erzählt: Er ging zu Lilo mit den Figurinen, den Entwürfen für die Kleider, die sie im Film tragen sollte.

»Gnädige Frau, dieses hier dachte ich als Abendkleid …«, sagte er, und dabei guckte er die ganze Zeit auf Lilos Busen, so nebenbei.

»Dieses wäre dann etwas Sportliches …« – und sah weiter auf ihren Busen, bis er zum Schluss sagte:

»Gnädige Frau, wir müssen natürlich in all diesen Kleidern einen künstlichen Busen einnähen.«

Da herrschte erst einmal Schweigen. Und nach einem Moment Pause sagte Lilo: »Um Gottes willen, aber ich habe doch schon einen an!«

Und da hat sie gelacht! So ist ihr Humor, sie kann sich herrlich selbst auf die Schippe nehmen.

Liselotte Pulver mit Gunnar Möller und Regisseur Kurt Hoffmann
während der Dreharbeiten zu *Ich denke oft an Piroschka*, 1955

Wir wussten damals, dass wir einen guten Film machten, denn das Drehbuch war gut, und wir hatten das Glück, wenn man es Glück nennen darf, dass durch die ungarische Revolution viele Ungarn, damalige Flüchtlinge, in München lebten und alle Komparsen in unserem Film echte Ungarn waren. Dadurch bekam der Film eine ungeheure Kraft.

Außerdem war Ich denke oft an Piroschka im schönsten Sinn des altdeutschen Wortes »keusch«: Es gab keinen nackten Busen zu sehen und keine einzige Bettszene, beim Kuss schwenkte die Kamera weg. Heutzutage bleibt sie drauf, und die Schauspieler fangen an mit ihrer Gymnastik. Jeder kennt es, jeder macht es, man muss es nicht extra zeigen. Das war eben anders bei Piroschka, und den jungen Leuten hat es gefallen und gefällt es heute noch. Denn die erste Liebe ist immer noch mit nassen Händchen verbunden. Bei der ersten Liebe starren sich die Verliebten nicht an, sondern sie schauen sich aus den Augenwinkeln an und vermeiden den direkten Blick. Die Jungs können auf cool machen und breitschultrig durch die Gegend laufen, aber wenn die erste Liebe kommt, dann werden sie empfindlich, daran wird sich nie etwas ändern. Und darum ging es in Piroschka.

Der Film war eine Liebeserklärung an die erste Liebe. Gefunkt hat es zwischen mir und der Lilo hinter den Kulissen übrigens nie. Man hat vielleicht mal daran gedacht, aber nee, das war nicht so. Und ich war auch schon verheiratet.

Als der Film herauskam, war er erst einmal ein Flop, aus den Uraufführungskinos wurde er schnell in die zweite Kategorie von Filmtheatern verbannt, und da erst setzte der

Erfolg plötzlich ein. Piroschka *kam zurück in die großen Häuser – und die Menschen standen Schlange.*

Für mich bedeutete der Film, dass ich ein Jahr lang kein Angebot bekam, der Erfolg muss meine bisherigen Produzenten offensichtlich verschreckt haben. Ich hatte vorher eine Reihe von Heimatfilmen gedreht, jetzt sagten sich die Produzenten, na, den Mist spielt der uns bestimmt nicht mehr. Angebote für hochgestochene, für anspruchsvolle Filme kamen auch erst einmal nicht, weil ich im Schauspielfach so ein bisschen zwischen allem liege. Es war ein hartes Jahr. Piroschka *war für mich dennoch der allerwichtigste Film.*

Als ich einmal auf Theater-Tournee war, schrieb ein Journalist eine Kritik und sagte zu mir, natürlich müsse er, da es in dem Artikel um mich gehe, auch Piroschka *erwähnen.*

»Nicht schon wieder Piroschka *…«, stöhnte ich.*

»Dann erzählen Sie doch mal was von Ihren anderen Filmen!«

Und ich sprach von diesem und jenem, von Nacht fiel über Gotenhafen *und anderen, und der Kritiker meinte nur: »Die kennt doch keiner mehr. Seien Sie froh, dass Sie* Piroschka *gedreht haben.«*

Und da ist mir klar geworden: Ja, recht hat er! Und ich kann es gar nicht oft genug erwähnen. Das ist der Film, der mein Leben ist. Und keine hätte die Piroschka besser spielen können als Lilo Pulver!

Letztens kam eine Frau auf mich zu: »Herr Möller, Sie haben meine Jugend verschönt, als ich Sie damals in Piroschka *sah!«*

Und ich habe auch den Namen Gunnar berühmt gemacht; vorher gab es den kaum, aber wenn man sich bei der Generation der nach 1955 geborenen Männer umhört, dann gibt es einige, die Gunnar heißen. Ist doch auch eine Lebenstat!

Liselotte Pulver während der Dreharbeiten zu *Eins, zwei, drei*, 1961

Billy Wilder und meine beste
Parodie auf Sex

Meine Rolle in Billy Wilders Ost-West-Satire *Eins, zwei, drei* war nur eine kleine, eine Nebenrolle, aber eine mit großer Wirkung. Auf den wilden Säbeltanz werde ich heute noch oft angesprochen …

Billy Wilder traf ich das erste Mal bei einem Abendessen in Paris, das war lange bevor es zu *Eins, zwei, drei* kam. Wir verstanden uns auf Anhieb, haben viel gelacht, denn Billy hatte einen irrsinnigen Humor.

Als ich hörte, dass Billy dabei war, *Eins, zwei, drei* zu besetzen, sah ich noch einmal die Chance auf eine Hollywood-Karriere. Billy Wilder war einer der besten Regisseure seiner Zeit. Und ich wollte unbedingt, nachdem andere Projekte geplatzt waren, in einem internationalen Film mitspielen. Am liebsten mit Billy.

In München wurde ich zu Probeaufnahmen eingeladen und bekam zur Vorbereitung das Musikstück, zu dem »Fräulein Ingeborg« – so der Rollenname – auf einem Tisch tanzen sollte, den berühmten *Säbeltanz* von Aram Chatschaturjan. Als Erstes suchte ich mir einen Tanzlehrer. Mit dem studierte ich die Choreographie für die Szene bis ins letzte Detail ein. Als es zu den Probeaufnahmen kam, war ich bestens vorbereitet. Billy stellte die Musik an – und ich legte los, tanzte enthemmt, ich gab alles! Und Billy stellte die Musik gar nicht mehr ab, meine Darbietung muss ihm wohl gefallen haben … Später erfuhr ich, dass auch Nadja Tiller und Ingrid van Bergen für die Rolle im Rennen gewesen waren, aber mit meinem Tanz hatte ich sie ausstechen können.

James Cagney spielte die männliche Hauptrolle – ein Weltstar, Oscar-Preisträger. Er spielte Mr MacNamara, Chef der Coca-Cola-Niederlassung in West-Berlin. Ein Mann, der alles hat: Ehefrau, zwei Kinder und eine hübsche Sekretärin, gleichzeitig Geliebte, namens Fräulein Ingeborg – die war ich! MacNamara ist der Inbegriff des US-Kapitalisten, ein Mann mit Visionen: Er will Coca-Cola in die kommunistische Welt bringen. Weshalb er sich mit der russischen Handelsdelegation trifft. Währenddessen schickt MacNamaras Chef in Atlanta seine verwöhnte Tochter Scarlett auf eine Europareise und auch nach Berlin. Wo sie sich ausgerechnet in Horst Buchholz verliebt, einen jungen, linientreuen und – nicht zu vergessen – äußerst attraktiven Kommunisten aus Ostberlin. Für MacNamara bricht alles zusammen. Sein Traum, Coca-Cola hinter dem Eisernen Vorhang groß herauszubringen, rückt in weite Ferne. Und das Ost-West-Chaos nimmt seinen Lauf …

Im Restaurant des Ostberliner Hotels Potemkin kommt es zu der legendären Tanzszene. »Herr Kapellmeister, more Rock'n'Roll!!!«, ruft einer der Russen, bei denen Fräulein Ingeborg mit am Tisch sitzt, mit herrlichem russischem Akzent und rollendem Rrrrr. Dann setzt die Musik ein, der *Säbeltanz*. Und in der nächsten Szene tanze ich, im groß gepunkteten, engen Kleid, auf dem Tisch, in jeder Hand eine brennende Fackel, und lasse, angefeuert von den Russen, die Wände wackeln. Und das wortwörtlich und so sehr, dass ein Chruschtschow-Bild aus seinem Rahmen fällt und dahinter ein Stalin-Porträt zum Vorschein kommt. Ja, das war Billys Humor – jedes Detail so durchdacht, und alles hatte eine tiefsinnige Komik. Ich glaube, meine Tanzszene ist im Film länger geworden, als Billy es ursprünglich vorgesehen hatte. Was vielleicht an meinem Einsatz lag … und, ja, darauf bin ich stolz.

Ich habe immer schon gerne Leute kopiert und parodiert. Und in *Eins, zwei, drei* war ich eine reine Parodie auf die Monroe. Marilyn war recht einfach nachzumachen: die wasserstoffblonden Haare, eine Perücke, das enge Kleid, weiß mit schwarzen Punkten, dann hängte man mir zwei Ballons vorne dran, damit auch etwas zum Vorschein kam, und fertig war die Monroe-Kopie. Man musste gar nichts erklären, jeder fühlte sich bei der Frisur, den Bewegungen, dem Kleid an die Monroe erinnert. Und Billy Wilder zeigte mir genau, wie ich es machen sollte, spielte mir jede Szene, jede Geste vor. Er kannte die Monroe natürlich sehr gut, hatte mir ihr schon gedreht.

War Marilyn Monroe für Sie damals ein Vorbild?

Eigentlich nicht, denn sie besetzte ein ganz anderes Fach als ich. Marilyn war eine Sexbombe – sehr amerikanisch. Eine Sexbombe wäre ich auch gern gewesen, schon in der Schule, und in *Eins, zwei, drei* konnte ich endlich eine spielen. Wenn es eine Schauspielerin gab, die für mich ein Vorbild war, dann Nadja Tiller. Mit ihr habe ich ein paarmal gearbeitet. Früher wollte ich immer ein bisschen so sein wie Nadja. Denn sie

Liselotte Pulver mit Leon Askin (links), James Cagney (Mitte) und Ralf Wolter (rechts) in *Eins, zwei, drei*, 1961

war eine wirkliche Sexbombe *und* eine tolle Schauspielerin. Bei mir war Sex immer eine Parodie, weil ich eine verführerische Frau nicht ernsthaft spielen konnte. Dazu war ich nicht der Typ. Aber ich konnte Erotik gut parodieren. Und die Szene in Billy Wilders *Eins, zwei, drei* war meine beste Parodie auf Sex.

Was Billy Wilder als Regisseur auszeichnete, war seine unglaubliche Geduld und Akribie. Nichts konnte ihn aus der Ruhe bringen. Er ließ Szenen wieder und wieder drehen, so lange, bis sie in seinen Augen gut genug waren – nein, bis sie perfekt waren!

»Once more!«, hieß es jedes Mal, und dabei klimperte er mit ein paar Geldmünzen in seiner Hosentasche – das gehörte zu seinem Markenzeichen. Billy ließ Horst Buchholz eine Szene zehnmal wiederholen, bis sie im Kasten war. Anschließend fragt Horst, ob es denn jetzt besser gewesen sei.

»Nein, schneller.«

Bei Billy musste es immer rasant zugehen, das Tempo musste stimmen.

Als James Cagney einmal eine Szene mit einer unendlich langen Textpassage drehen musste, viele Seiten für eine einzige Szene, ein Wasserfall an Text, passierte jedes Mal etwas anderes. Entweder hatte James versehentlich einen Satz ausgelassen, oder das Licht war nicht richtig eingestellt, oder sein Filmpartner versprach sich mitten im Text ... Die Szene mit James Cagney wurde zweiunddreißigmal wiederholt und war noch immer nicht im Kasten. Billy brach ab und sagte: »Morgen machen wir weiter!«

Am nächsten Tag also alles auf Anfang. Wieder wurde

die Szene vom Vortag probiert – zwanzigmal. Und am Ende klappte sie, ein einziges Mal war sie perfekt, endlich war Billy zufrieden – bis zu dem Moment, als im allerletzten Satz ein Beleuchter durchs Bild lief!

Auch mein Mann war übrigens in *Eins, zwei, drei* zu sehen – in einer kurzen Szene. Billy traf Helmut, als er mich einmal am Drehort besuchen kam, und er engagierte ihn vom Fleck weg. Er gab ihm die Rolle eines Vopos, eines Volkspolizisten, der im Film unseren Wagen kontrolliert, als wir in den Ostsektor rüberfahren, zum Grandhotel Potemkin.

Der Film hätte nach seiner Fertigstellung ein Welterfolg werden müssen. Er hatte das Potenzial dazu, was die Besetzung, das Drehbuch, die Regie angeht. Aber es kam alles anders. Weil die Mauer gebaut wurde – mitten während der Dreharbeiten 1961.

Damit war die Ost-West-Satire auf einen Schlag völlig unaktuell. Die politische Realität hatte die Fiktion überholt. Denn Schauplatz der Handlung war das geteilte Berlin ohne die Mauer – mit einer durchlässigen Sektorengrenze. Und plötzlich war die Mauer da. Von einem Tag auf den anderen war es nicht mehr möglich, das Brandenburger Tor zu passieren. Ich kann mich erinnern, dass ich in den Tagen vor dem Mauerbau, wenn ich nicht drehen musste, manchmal mit dem Auto durch Ostberlin gefahren bin, die Stalin-Allee entlang, voller Sensationslust, denn ein wenig gefährlich schien mir das doch, so allein im Osten herumzukurven.

An den 13. August 1961, den Tag des Mauerbaus, habe ich keine besonderen Erinnerungen. Natürlich war uns die historische Tragweite der Geschehnisse bewusst, aber wir

Liselotte Pulver und Regisseur Billy Wilder während der Dreharbeiten zu
Eins, zwei, drei, 1961

befanden uns mitten in den Dreharbeiten, und keiner wusste, wie es nun weitergehen sollte. Ob der Film zu retten war. Billy musste improvisieren. Unser Team verließ Berlin, und wir setzten die Produktion in München fort. Dort ließ Billy das Brandenburger Tor im Studio nachbauen, damit *Eins, zwei, drei* zu Ende gedreht werden konnte.

1961 war für mich in vielerlei Hinsicht ein sehr bewegtes Jahr. An erster Stelle aus privaten Gründen! Helmut und ich planten nämlich unsere Hochzeit. Schon mehrfach hatten wir den Termin verschieben müssen, weil entweder Helmut drehte oder ich. Nun sollte es am 22. Juli 1961 so weit sein. Billy hatte mir zugesichert, dass der Termin auf keinen Fall mit *Eins, zwei, drei* kollidierte. Mein Bruder kümmerte sich um Planung und Organisation der Hochzeit, meine Schwester hatte sich bereit erklärt, mir ein Brautkleid zu besorgen, der Termin beim Standesamt war vereinbart, das Hotel gebucht, die Gäste eingeladen. Und dann hieß es plötzlich, ich müsste am 22. Juli doch drehen … Ausgerechnet an diesem Tag! Wieder einmal kam alles gleichzeitig zusammen. Es konnte bei mir einfach nicht normal zugehen. Aber es half kein Lamentieren. Ein weiteres Mal verlegten wir unseren Hochzeitstermin – auf den 8. September 1961. Und dabei blieb es dann.

Nach *Eins, zwei, drei* haben Billy und ich uns nie ganz aus den Augen verloren, ab und an trafen wir uns. Wenn Helmut und ich nach L. A. kamen, dann schauten wir bei Billy und seiner Frau Audrey vorbei, im Gepäck Billys Lieblingskäse aus der Schweiz. Und wenn Billy sich in Berlin aufhielt, haben wir versucht, uns zu sehen. Wie bei einem Empfang zu

Billys Ehren in den Babelsberger Filmstudios. Damals war Billy fünfundachtzig Jahre alt, immer noch voller Witz, Humor und Charme, und er hielt eine pointenreiche Rede.

Und zwischen unseren Treffen schrieben wir uns …

Lieber Billy und liebe Audrey,
geh nicht zu deinem Firscht, wenn du nicht gerufen wirscht!
Diesen Rat meines Vaters befolge ich meistens, heute aber
nur halb. Ich muss Dir einfach nochmals sagen, dass diese
Berliner Tage mit Dir und Audrey für mich einen absoluten
Höhepunkt bedeutet haben, privat und beruflich. In diese
Sphären wird man nur sehr selten hinaufgeschossen, und
wenn es noch so pulvert …
Deine Liselotte

Eins, zwei, drei erntete erst Jahrzehnte nach unseren Dreharbeiten seine verdienten Lorbeeren und fand Anerkennung bei Publikum und Kritikern – und auch bei der Presse. Der Film hatte einfach ein irrsinniges Pech, zur falschen Zeit gedreht zu werden. Aber heute ist er ein Klassiker, der Humor ist zeitlos. Billy Wilder sei Dank!

Wie war Ihr Verhältnis zur Presse?

Mit der Presse bin ich eigentlich immer ganz gut ausgekommen. Für die Journalisten war ich schnell die »Lilo« und nicht mehr »Liselotte«. Die Kurzform war gerade auch für die internationale Presse praktischer, leichter zu schreiben und zu sprechen.

Während meiner aktiven Zeit war ich vollauf damit aus-

4. 8. 1987

Lieber Billy und liebe Audrey,

geh' nicht zu deinem Firsch, wenn du nicht gerufen wirscht;
diesen Rat meines Vaters befolge ich meistens, heute aber nur
halb. Ich muss Dir einfach nochmals sagen, dass diese Berliner
Tage mit Dir und Audrey für mich einen absoluten Höhepunkt
bedeutet haben, privat und beruflich. In diese Sphären wird
man nur sehr selten hinaufgeschossen, und wenn es noch so
pulvert.
Ich bin Willy Egger nochmals begegnet, als er mir die Photos
brachte und habe ihm mein Drehbuch mitgegeben, da er Dich vielleicht besuchen kommt. Natürlich ist es nicht für Dich bestimmt,
ich würde nie wagen, Dir so etwas anzubieten. Aber da nur Du
Sinn für solchen Unsinn hast, hätte ich gern gewusst, ob es
wirklich so schlecht ist. Falls es Dir nicht gefällt, wirf
es einfach weg.
Hoffentlich hast Du Dich in Paris von dem Getümmel in Berlin
erholt und bist wieder gut in Amerika gelandet. Ich freue
mich schon jetzt auf Deinen nächsten Besuch und schicke Dir
und Audrey aus dem regnerischen Helvetien

          die herzlichsten Grüsse und Wünsche,
          Deine

Liselotte Pulver an Billy Wilder nach dessen Berlin-Besuch, 1987 gelastet, meine Rollen einzustudieren, war nur auf die Arbeit konzentriert. Von einem gewissen Punkt in der Karriere musste ich mich aber mehr und mehr mit der Presse befassen. Das war neu für mich. Ich musste erst einmal lernen, nicht immer offen über alles zu reden, wie es mir gerade in den Sinn kam und mir der Schnabel gewachsen war. Was meinem Naturell entsprach. Manches wurde nachher falsch dargestellt, und ich bin manchmal ordentlich in die Pfanne gehauen worden. Man wurde in der Presse herumgezerrt, wenn man nicht aufpasste. Dabei habe ich mir nie etwas Besonderes geleistet oder zuschulden kommen lassen, was das gerechtfertigt hätte.

Dieses Verhalten mancher Journalisten – nicht aller! – habe ich nie verstanden. Man fragt erst gar nicht nach einem Interview, sondern schreibt einfach eine Riesengeschichte. Aber so ist es nun einmal. Das ist vielleicht die Schattenseite, mit der man leben muss, wenn man in der Öffentlichkeit steht. Ich hatte zum Glück immer einen Pressekoordinator an meiner Seite, der alles für mich geregelt hat im Umgang mit Journalisten und vieles von mir ferngehalten, mich geschützt hat. Gerade in Zeiten, in denen das Schicksal es nicht gut mit mir meinte, haben sich Teile der Presse nicht anständig verhalten. Aber weiter ins Detail möchte ich bei diesem Thema gar nicht mehr gehen. Was mich aber bis heute wurmt, ist, wenn Geschichten über mich geschrieben werden, in denen kein Funken Wahrheit steckt.

Liselotte Pulver während eines Empfangs bei Bundeskanzler Konrad Adenauer in Bonn, 1966

Begegnungen mit der Politik

Was kann ich zu Konrad Adenauer sagen, wenn ich an das Treffen mit ihm zurückdenke? Er wirkte – obwohl er damals schon neunzig Jahre alt war – unwahrscheinlich jugendlich und sprang immer voller Elan von seinem Stuhl auf, wie ein junger Mann. Er war eine derartige Persönlichkeit, eigentlich fast unantastbar für das Publikum, für den normalen Menschen. Es war niemand anderes mehr vorhanden, wenn er im Raum war. Und dass *ich* ihn dennoch treffen und leibhaftig erleben durfte, ist schon einmalig!

Am 20. Juli 1966 war das, im Bundeskanzleramt in Bonn. Meinem damaligen Pressevertreter, Hans-Dieter Franke, hatte ich einmal anvertraut, dass ich Adenauer gern persönlich kennenlernen würde. Weil mich seine Persönlichkeit interessierte und weil ich wissen wollte: Wie ist er wohl, wenn man ihm gegenübersteht? Mein Wunsch hatte keine politischen Beweggründe. Franke schaffte es tatsächlich irgendwie, ein Treffen zu arrangieren.

Mein Mann und ich waren gemeinsam ins Kanzleramt eingeladen worden. Helmut spielte gerade Theater im oberfränkischen Wunsiedel, *Der Widerspenstigen Zähmung*. Ich kam zu seiner Premiere und blieb fünf Tage länger, damit wir dann zusammen nach Bonn fahren konnten. Mit Helmuts Jaguar. Um acht Uhr früh wollten wir starten, damit wir auch pünktlich und ohne Stress ankamen. Was passierte? Der Wagen streikte. Irgendwie ging es dann aber doch los, mit Verspätung … und mehr als 400 Kilometer lagen ja noch zwischen Adenauer und uns. Dann geht mitten auf der Strecke die Lichtmaschine kaputt, wir fahren trotzdem weiter, bis nichts mehr geht. Der ADAC wird gerufen, der Abschleppwagen kommt, ein Mietwagen muss her … Endlich – am Nachmittag kommen wir in Bonn an, hetzen ins Hotel, um uns für das Treffen parat zu machen. Nächste Hürde: Meine Kleider sind zerknüllt, die Frisur ist dahin, letzte Rettung kommt in Form eines Huts, den ich bei dem Treffen trage, wie die Fotos zeigen. Um es kurz zu machen: Eine Panne jagte die andere …

Auf den allerletzten Drücker schafften wir es trotz aller Widrigkeiten, die dieser Tag für uns bereitgehalten hatte, rechtzeitig um halb fünf beim Kanzler zu erscheinen.

Dort warteten auf uns schon die Journalisten und Fotografen – eine regelrechte Pressemeute, die sich an uns dranhängte und auch nicht abzuschütteln war. Bis Adenauer sie unsanft hinauskomplimentierte. Die Tür schloss sich und wir drei waren alleine im Büro des mächtigsten Mannes der Bundesrepublik: Adenauer, Helmut und ich. Puh!

Worüber haben Sie sich unterhalten?

Erst einmal wollte Adenauer etwas von mir wissen: Wie ich es geschafft hätte, meinen Schweizer Akzent loszuwerden. Eigentlich habe ich den ja noch, habe ich gesagt, vor allem wenn ich müde bin und unkonzentriert, macht er sich bemerkbar. Adenauer erzählte Helmut und mir von seinen früheren Urlauben in der Schweiz, aber die Eidgenossen hätten es nicht gerne gesehen, wenn er von dort seine Regierungsgeschäfte tätigte, wegen der Neutralität. Seitdem fahre er nach Italien in die Ferien.

Ob ich mich für Politik interessiere, fragte Adenauer. Und ich antwortete ihm, ich interessierte mich zwar für Politik, müsse aber zugeben, dass ich nichts davon verstehe. Politiker, sagte er, seien auch nur Schauspieler, aber schlechte! Wir unterhielten uns über Helmuts und meine Karriere – ein paar von meinen Filmen kannte Adenauer aus dem Fernsehen –, wir sprachen über Politiker und ihren Humor – oder besser gesagt: warum viele Politiker nur wenig Humor hätten. Und dabei lachten wir viel. Denn Adenauer war einer, der Humor hatte! Er erzählte zum Beispiel von einem Auftritt in Bremen, wo er eine Rede gehalten hatte und ein lautes Pfeifkonzert über sich ergehen lassen musste. Aber anstatt harsch zu reagieren, rief er den Demonstranten spontan zu: »So gut wie ihr würde ich auch gern pfeifen können«, und steckte sich zwei Finger in den Mund, um seine Unfähigkeit zu beweisen …

Unser Treffen ging langsam zu Ende, Adenauer schenkte mir eine Ausgabe seiner Biographie und schrieb eine Widmung hinein: »*Frau Schmid-Pulver zur Erinnerung. 20. 7. 66 Adenauer*«, und sagte, dass er mich gerne einmal auf der Bühne erleben würde. In einem Jahr, berichtete ich, sei ich auf Tournee mit dem Theaterstück *Die Regenmacher* und werde auch in Bonn Station machen. Wir verabschiedeten uns mit der losen Verabredung: Nächstes Jahr dann im Theater!

Helmut und ich verließen das Kanzleramt, tief beeindruckt von diesem humorvollen Politiker und warmherzigen Menschen. Zu unserem Wiedersehen kam es aber leider nicht mehr. Adenauer starb im April 1967.

Auch einen späteren Bundeskanzler lernte ich kennen: Helmut Schmidt. Ihn und Loki traf ich immer wieder bei ganz verschiedenen Anlässen. Einmal saßen die beiden im Publikum, als ich in Hamburg Theater spielte. Ich bewunderte Loki wegen ihrer Natürlichkeit und ihres normalen Auftretens.

Ein anderes Mal kam ich mit Helmut Schmidt auf der Geburtstagsfeier von Annemarie Renger, sie wurde sechzig, ins Gespräch. Wir standen zusammen am Buffet, man begrüßte sich, redete ein paar Minuten miteinander, ließ Fotos machen. Schmidt hatte eine sehr persönliche, sehr freundliche Art.

An eine lustige Szene mit Helmut Schmidt erinnere ich mich gerne. Es wurde, irgendwo im Ruhrgebiet, ein Empfang gegeben. Verschiedene Schauspieler waren geladen, unter anderem mein Mann und ich, und der Kanzler erschien höchstpersönlich und stand plötzlich genau neben meinem Mann: Helmut Schmid neben Helmut Schmidt. Die fast identischen Namen waren natürlich immer Anlass für Witze und gute Sprüche, so auch auf diesem Empfang.

Der Bundeskanzler aber drehte sich mit einem Schmunzeln zu uns um und sagte nur: »Mit ›t‹! Das ist der Unterschied!«

Welcher Kanzler – oder welche Kanzlerin – war oder ist Ihnen am liebsten?

Das will ich lieber nicht beantworten, dann sind die anderen doch beleidigt! *(lacht herzhaft)* Ich wüsste schon, wer, aber, nein, ich verrate es nicht …

Mein Freund Genscher

Wenn ich mit Staatsmännern und politischen Persönlichkeiten zu tun hatte, waren es in der Regel nicht deren politische Ansichten oder ihre Parteizugehörigkeit, die mich interessierten, es waren immer die Menschen hinter dem Amt. Hans-Dietrich Genscher, der ehemalige Außenminister, ist mir im Laufe der Jahre, die ihn zu kennen ich mich glücklich schätzte, ein guter, treuer Freund geworden. Wir lernten uns Anfang der siebziger Jahre kennen. Damals war Hans-Dietrich noch Bundesinnenminister unter Kanzler Willy Brandt. In Bonn fand ein Empfang der Filmförderung statt, bei dem fast das komplette Bundeskabinett anwesend war. Wie es bei solchen Anlässen üblich ist, wurde ich irgendwann am Abend dem Minister Genscher vorgestellt. Es ist schwer zu beschreiben, was dann passierte: Wir waren uns einfach sofort sympathisch, kamen schnell ins Gespräch. Hans-Dietrich kannte, was mich bei einem Politiker seines Kalibers überraschte, einige meiner Filme, besonders hatte ihm *Ich denke oft an Piroschka* gefallen – ja, er war ein Fan von Piroschka. Es dauerte nicht lange, und wir waren per Du – noch am selben Abend. Ich bin ja schnell mit den Leuten per Du.

Dass Hans-Dietrich einen guten Humor besaß, war nicht unwesentlich für unsere Freundschaft. Ich denke besonders an seine Schlagfertigkeit. Gerade in Situationen, in denen er als Politiker angegriffen wurde, hatte er spontan gute Antworten parat. Dabei war er nie boshaft, nie verletzend zu seinem Gegenüber, und sei es ein politischer Gegner, eher liebenswürdig und immer respektvoll. Ich mochte an ihm seine Herzlichkeit. Schon bei unserer ersten Begegnung gab es nicht nur Small Talk und Händeschütteln, zusammen auftreten, Foto machen und auf zum Nächsten. Nein, da war jemand, der echtes Interesse zeigte, sehr persönlich und niemals oberflächlich.

Später trafen wir uns immer wieder bei ganz unterschiedlichen Gelegenheiten, zum Beispiel auf dem Kanzlerfest von Helmut Schmidt, Hans-Dietrich war mittlerweile sein Außenminister. Oder wir gingen zusammen aufs Oktoberfest in München. Immer an seiner Seite war natürlich seine Frau Barbara – auch sie ist eine wunderbare Person. Die beiden waren mehr als fünfundvierzig Jahre verheiratet.

Auf Hans-Dietrich war immer Verlass. Ich weiß gar nicht, wie er das alles mit seinem Terminkalender hinbekommen hat. Als ich fünfzig wurde, spielte ich gerade Theater in Berlin – die Feier war ein wenig improvisiert und fand nur im kleinen Kreis, mit dem Ensemble, im Hotel statt. Hans-Dietrich kam extra angereist und feierte mit uns. Und er konnte einen ganzen Abend lang die Leute mit Anekdoten unterhalten.

Hans-Dietrich und ich sahen uns nicht regelmäßig, aber wenn wir uns begegneten, dann freuten wir uns jedes Mal von Herzen. Dann war es so, als hätten wir uns erst gestern gesprochen. So etwas nenne ich Freundschaft. Wir redeten über alles Mögliche, über Gott und die Welt – nur Politik spielte nie eine Rolle. Aber ich habe ihn dafür bewundert, wie er dieses schwere politische Amt ausfüllte; seine Autorität imponierte mir, ich habe natürlich verfolgt, wie er als Politiker agierte – und das bestätigte meine hohe Meinung von ihm.

Ich kann auch grenzenlos bewundern!

HANS-DIETRICH GENSCHER

FDP-Politiker, Bundesminister des Innern von 1969 bis 1974, Bundesminister des Auswärtigen von 1974 bis 1982 und langjähriger Freund von Liselotte Pulver

Wenige Wochen vor seinem Tod schrieb Hans-Dietrich Genscher diese Zeilen über seine Freundin Lilo:

Liselotte Pulver war für mich aus der Ferne ein Mensch, der durch seine Offenheit und Ursprünglichkeit überzeugte und auch faszinierte. Dann lernte ich sie kennen auf einem der gesellschaftlichen Ereignisse im Bereich der kulturellen Zuständigkeit des Bundesministers des Innern. So sind wir uns nähergekommen, sie und ihr Mann, der den Namen Helmut Schmid trug, und meine Frau und ich.

Ich habe bei unseren gelegentlichen Begegnungen immer wieder ihre Frische und Herzlichkeit, ihre Offenheit und ihre Liebenswürdigkeit erfahren können. Es gab lange Pausen ohne Kontakt und dann Wiederbegegnungen. Aber sie blieb die Gleiche, wie ich sie anfangs aus der Ferne gesehen und aus der Nähe kennengelernt habe.

Liselotte Pulver mit Hans-Dietrich Genscher und Mildred Scheel während eines Empfangs in der Villa Hammerschmidt, 1974

Auch ernsthafte Fragen vermochte sie in einer menschlich-humorvollen Form anzusprechen. Ich erinnere mich an 1982, als die damalige SPD/FDP-Koalition zu Ende ging und sich daraus ein schwerwiegender Konflikt zwischen Bundeskanzler Helmut Schmidt und mir ergab. Das nutzte sie, um mir, als sie mich in einem Telefongespräch wegen der damaligen Kritik etwas aufmuntern wollte, die Frage zu stellen, was ich davon hielte, wenn ihr Ehemann eine Wählerinitiative mit seinem Namen unterschreiben würde unter dem Titel

»Helmut Schmid gegen Helmut Schmidt
für Hans-Dietrich Genscher«.

Sie kann auf ein erfolgreiches Künstlerleben zurückblicken. Aber noch wichtiger ist: Sie ist ein wunderbarer Mensch.«

Lilo, wann haben Sie und Hans-Dietrich Genscher sich zuletzt gesehen?

Das ist leider lange her. Wir hatten in der letzten Jahren nur noch wenig Kontakt, denn ich reise kaum noch und auch er war in einem stattlichen Alter und gesundheitlich angeschlagen. Ihn und seine Frau noch einmal zu treffen, wäre ein wirklicher Glücksmoment für mich gewesen. Traurig, dass es dazu nun nicht mehr kommen wird.

Wenn ich mir das Foto anschaue, auf dem ich neben Hans-Dietrich Genscher und Mildred Scheel stehe, auf einem dieser unzähligen Empfänge in meinem Leben, muss ich kurz etwas zu den Perlen sagen, die ich trage … Ich hatte sie von einer Reise nach Japan mitgebracht. Die Perlen sind mir gestohlen worden, wie auch mein gesamter Schmuck gestohlen wurde, als vor einigen Jahren in unser Haus in Perroy eingebrochen wurde. Die Einbrecher waren Profis, kamen ins Haus und fanden den Schlüssel für den Safe, den wir eigentlich sehr gut versteckt hatten. Nicht gut genug, denn sie konnten ihn mit Detektoren aufspüren. Glücklicherweise befand sich niemand von uns im Haus. Der Schaden war enorm hoch, aber neben dem materiellen Wert war es traurig, viele Erinnerungsstücke verloren zu haben. Für immer. Auch das Brillantarmband, das mir mein Mann zur Hochzeit geschenkt hatte, tauchte nie wieder auf. Das war bitter ...

Gestohlen wurde bei dem Einbruch auch mein Bundesverdienstkreuz – 1. Klasse! –, was mich besonders ärgerte. Ich hatte es 1986 bekommen und war darauf unheimlich stolz. Hans-Dietrich hat es mir damals überreicht und eine kleine Rede gehalten. Ich habe mir später vorgestellt, nachdem der erste Ärger über den Verlust verraucht war, dass der Dieb mit meinem schönen Orden behangen durch die Gegend läuft ...

Perlen aus Tokio: Eine Asienreise

Die Perlen, die mir gestohlen wurden, vermisse ich bis heute sehr, weil sie Erinnerungsstücke an eine Asienreise waren, die für mich unvergessen ist. Ich fand sie in einem kleinen Geschäft, in einem Hotel, und es waren die mit Abstand schönsten Naturperlen, die ich jemals gesehen hatte. Ich wusste sofort, dass ich diese Perlen einfach haben musste. Das war in Tokio im November des Jahres 1959.

Man hatte mich eingeladen, als Mitglied der deutschen Delegation nach Japan zu fahren, zur Deutschen Filmwoche. Mit dabei waren auch Bernhard Wicki, dessen Film *Die Brücke* gezeigt werden sollte, und Toni Sailer, der österreichische Skirennfahrer – ein dreifacher Olympiasieger! – und auch Schauspieler. Als wir ankamen, gab es einen Riesenauftrieb – nicht meinetwegen, sondern wegen Toni. Mir war gar nicht bewusst, dass er so ein großer Star bei den Japanern war.

Was mich sofort für Japan einnahm, war die irrsinnige Gastfreundschaft der Menschen. Alle waren hinreißend freundlich und hilfsbereit. Immer mit einem Lächeln auf den Lippen. Hier könnte ich es länger aushalten, habe ich gedacht. Ich mochte die Lebensweise und die Lebenseinstellung. Und dann die wunderbaren Tempel, die belebten Straßen, die kunstvollen Schriftzeichen. Ein tolles Land.

Während der Deutschen Filmwoche wurde jeden Abend ein Film in einem Kinotheater vorgeführt, mit uns, den Schauspielern und Regisseuren, als Gästen. Eröffnet wurde die Filmwoche mit einem Remake von *Menschen im Hotel*. Es folgten *Das Totenschiff*, mit meinem späteren Ehemann Helmut Schmid, *Schöne Abenteuer*, Käutners *Hamlet* mit Hardy Krüger und zum Abschluss Wickis Meisterwerk *Die Brücke*. Zu den Vorstellungen kündigte sich manchmal sehr hoher Besuch an, einmal kam die Tochter des Tenno, Prinzessin Suga, ein anderes Mal der Bruder des Kaisers von Japan. Nach Ende der Filmwoche blieb ich noch ein paar Tage in Tokio, machte Exkursionen nach Kioto, in die alte Kaiserstadt, wo ich die Paläste besichtigte. Wir fuhren auch zum Fuji, dem Vulkan, an dem ich mich gar nicht sattsehen konnte.

Von Tokio aus ging es nach Hongkong, eine faszinierende Stadt, damals in den fünfziger Jahren kein Vergleich mit der Millionenmetropole von heute. Meine Reiseroute führte mich weiter nach Thailand, für ein paar Tage Strandurlaub, bevor es weiterging nach Kambodscha. Dort sah ich mir Angkor Wat an, die sagenumwobene Tempelanlage. Wir flogen mit einer ganz kleinen Maschine dorthin, landeten irgendwo mitten im Dschungel. Zum Abschluss besuchte ich noch Bangkok, auch hier Tempel, Paläste, goldene Buddha-Statuen und überall freundliche Menschen ...

Insgesamt waren es sechs Wochen, die ich durch Asien gereist bin. Als ich wieder nach Hause kam, war ich aufgetankt mit vielen neuen Eindrücken fremder Kulturen, hatte meine Perlen im Gepäck und ein wenig Gelassenheit, die ich mir bei den Asiaten abgeschaut hatte ...

Gebrochene Herzen

Wenn ich jemanden mochte, habe ich mich hinter einer Mauer versteckt, und wenn mein Opfer vorbeikam, bin ich ihm um den Hals gefallen, habe ihn schnell geküsst – und rannte weg. Da war ich vielleicht acht oder zehn Jahre alt. Auch später, als ich in Bern in die Sekundarschule ging, war ich eigentlich ständig glühend verliebt, meistens in einen der gutaussehenden Schüler vom Gymnasium. Voller Sehnsucht war ich, von einem der wunderschönen Halbgötter geküsst zu werden.

Und dann gab es im Sommer natürlich das Aare-Bad. Dorthin gingen nach Schulschluss, wenn das Wetter schön war, die Gymnasiasten und verbrachten die Sonnenstunden auf den ausgedehnten Liegewiesen. Wir Mädchen aus den umliegenden Schulen waren auch jeden Mittag da, und so kam es, dass man sich schon mal verliebt hat. Einer der Gymnasiasten, meine erste große Jugendliebe, hieß Paul Weiß. Meine Freundinnen und ich gaben den männlichen Zielobjekten immer Spitznamen. Paul Weiß wurde von uns »Karo 7« genannt. In ihn war ich wirklich irrsinnig verknallt. Er war wunderschön, schwarze Haare und dunkle Augen, sportlich, groß, ein Torwart. Aber leider wurde meine Liebe nicht erwidert. Karo 7 redete mit mir höflichkeitshalber, mehr Interesse zeigte er nicht, bei ihm hatte ich also kein

Glück. Besser lief es mit einem anderen Kandidaten, auch er ein Gymnasiast: Bubi März, blond und blauäugig, optisch das Gegenteil von Paul. Bei Bubi März – Spitzname »Herz Bubi« – hatte ich mehr Glück. Aber wenn ich bei einem Mann Erfolg hatte, sei es Bubi oder die anderen, hatte ich schon wieder genug von ihm. Dann war's für mich aus und vorbei.

Das war immer so. Nicht nur bei den jugendlichen Romanzen, auch später, wenn ich mich in meine Schauspielkollegen verliebt habe – in einige meiner Filmpartner war ich richtiggehend verschossen. Aber immer nur, solange wir drehten. War der Film beendet, war die letzte Klappe gefallen, dann war auch die Liebe erloschen.

So ging es mir auch mit O. W. Fischer. 1951 haben wir erstmals zusammen gedreht, die *Heidelberger Romanze*, einen Liebesfilm, mein Kinofilm Nummer drei. Otto hatte schon einen großen Namen. Eigentlich war er als Mann gar nicht mein Typ. Wahrscheinlich verhielt es sich auch eher so, dass ich mich mehr in seine Filmrolle verliebte und weniger in ihn als Person. Ob er auch Gefühle für mich hegte, kann ich nicht sagen. Er war ja auch nie allein, an seiner Seite war immer seine Nanni, Anna Usell, mit der er schon lange verheiratet war.

Otto hatte etwas Faszinierendes an sich, eine ganz besondere Art. Er wirkte sehr überlegen, sehr erfahren und war sehr witzig. Seinen speziellen Humor verstanden viele Leute nicht, der war recht eigenwillig. Ein bisschen spöttisch … Er kam einem sehr schnell auf die Schliche, wenn man etwas Falsches sagte oder etwas nicht wusste – er selbst war enorm

Liselotte Pulver mit O. W. Fischer in *Helden*, 1958

gebildet, beinahe allwissend –, dann machte er eine spöttische Bemerkung, ohne allzu böse zu sein.

Als unsere *Heidelberger Romanze* abgedreht war, war es auch mit meiner Flirterei vorbei. Wir blieben Freunde.

Haben Sie vielen Männern das Herz gebrochen?

Es gab schon ein paar, die ich habe sitzenlassen. Aber es wäre unfair, ihre Namen zu nennen …

Dazu muss ich sagen: Es war damals nicht so wie heute, wo alles gleich mit allen Konsequenzen vor sich geht. Man hat ein bisschen geschmust und damit war es erledigt. Man hat nicht herumgeschlafen. Das gab's überhaupt nicht.

Was hatte für Sie Vorrang: die Karriere oder die Liebe?

Immer die Karriere! Ganz klar die Karriere! Zumindest bis zu dem Zeitpunkt, als ich meinen Mann kennenlernte. Aber zuvor war alles andere, was mit dem Beruf nichts zu tun hatte, zweitrangig. Eine Begleiterscheinung. Ich meine, das Privatleben war sehr schön, man ist mit einem Mann ausgegangen, hat sich nach Ende der Dreharbeiten vielleicht noch das eine oder andere Mal getroffen, aber dann kam nach spätestens vierzehn Tagen der nächste Film, ein neuer Drehort, ein neues Team. Das war's dann. Man hatte keine Zeit für Liebesaffären. Vorrang hatte die Arbeit.

Ein paar Jahre später stand ich mit O. W. Fischer ein zweites und drittes Mal vor der Kamera. Für *Hanussen*, ein Film über Erik Jan Hanussen, einen Hellseher und Varietékünstler, den es wirklich gab. Otto war Hauptdarsteller und Regisseur in Personalunion.

Und 1958 drehten wir *Helden*, der Film spielte im 19. Jahrhundert während des Krieges zwischen Bulgarien und Serbien. Ich hatte ursprünglich absagen wollen, besann mich glücklicherweise eines Besseren, denn *Helden* entpuppte sich mit beinahe vier Millionen Zuschauern als ein Riesen-Kinoerfolg, erhielt den Bundesfilmpreis und sogar eine Oscar-Nominierung als bester fremdsprachiger Film.

Liselotte Pulver mit Hardy Krüger in *Der letzte Sommer*, 1954

Eine Kurzehe mit Hardy Krüger

In Hardy Krüger war ich richtig verknallt!!!

Mein Produzent F. A. Mainz brachte mich mit ihm und dem Regisseur Alfred Weidenmann zusammen. Denn Hardy sollte der männliche Hauptdarsteller in Weidenmanns nächstem Film werden, in der Beziehungskomödie *Ich und Du*. Die weibliche Hauptrolle, Hardys Pendant, war noch nicht gefunden. Meine Chance, fand auch F. A. Mainz. Wir trafen uns in Hamburg, im Hotel Atlantic, und verstanden uns blendend. Ich bekam die Rolle.

Hardy und ich spielten ein Ehepaar, Brigitte und Peter. Sie verlieben sich, sie heiraten, streiten sich, leben sich auseinander, lassen sich scheiden. Nur um dann zu erkennen, dass sie doch nicht ohneeinander auskommen. Sie stellen fest, wie sehr sie sich lieben; und werden wieder ein Paar.

Ich mochte Hardys Art, seine Berliner Schnauze. Seinem Charme war ich sofort erlegen. Allerdings hatte ich mir damals gerade einen Schwur auferlegt: Ein ganzes halbes Jahr lang würde ich mich auf keinen Mann einlassen. Dummerweise fiel dieser Schwur genau in die Zeit unserer Dreharbeiten. Ich blieb standhaft! Obwohl ich wirklich verliebt war in Hardy, war es mit ihm wie die anderen Male zuvor: Die Luft war schnell wieder raus, spätestens nach Drehende. Und weil Hardy in festen Händen war, war eh nichts zu machen.

Als Filmehepaar Brigitte und Peter trugen Hardy und ich am Set unsere »Eheringe«. Manchmal vergaß ich, meinen Ring nach Drehschluss abzulegen. So auch an einem Nachmittag, als ich mich auf den Weg nach Hagen machte, weil mein vorheriger Film, *Nachtgespenst*, an diesem Abend dort Premiere feierte. Hardy sagte noch zu mir, wenn man mich auf meinen Ring anspreche, dann solle ich einfach verkünden, dass er und ich heimlich geheiratet hätten.

»Aber das traust du dich sowieso nicht.«, neckte er mich.

Von wegen!, dachte ich mir und ließ den Ring erst recht an meiner Hand.

Als ich am Flughafen in Düsseldorf ankam, traf ich eine Journalistin, die sofort den Ring im Blick hatte und mich fragte, ob ich etwa verlobt sei oder sogar verheiratet.

»Ja, mit dem Hardy Krüger.«, habe ich ihr geantwortet.

Später auf der Pressekonferenz zu meinem Film wurde ich schon wieder auf den Ring angesprochen, diesmal von einem Korrespondenten der dpa. Er wollte wissen, ob er über meine Heirat mit dem berühmten Hardy Krüger denn schreiben dürfe. »Kein Problem«, meinte ich, denn für mich war alles nur ein großer Scherz. Dummerweise hatte ich damals keine Ahnung, dass sich hinter dem Kürzel dpa die Deutsche Presse-Agentur verbarg, die größte deutsche Nachrichtenagentur. Ich dachte, das ist nur irgendein unwichtiges Käseblatt, interessiert doch keinen, was die in ihrem Heft schreiben.

Man brauchte nicht viel Phantasie, um sich vorzustellen, was am nächsten Tag los war. Eine große Geschichte! Die Zeitungen waren voll. Erst mit der Hochzeitsmeldung …

und kurz darauf mit meinem Dementi. Ich bin natürlich sofort zurückgerudert und habe alles richtiggestellt.

Aus: Frankenpost, *10. September 1953:*
Hochzeit ohne Standesamt
Diese Geschichte hätte eigentlich in Hollywood passieren müssen, in der Klatschstadt, die von den Träumen ihrer Kunden lebt. Vielleicht aber wird Hollywood neidisch werden um der Story willen, die man jetzt an allen Familientischen des westdeutschen Vaterlandes durchkaut. Hauptdarsteller sind die beiden Nachwuchsfilmstars Liselotte Pulver und Hardy Krüger. Lilo Pulver hat sich als richtiges »Pulverfass« erwiesen. Sie setzte ein Gerücht in die Welt, das nur allzu bereitwilligst von einem Reporter geglaubt wurde …

Aus: Die 7 Tage, *18. September 1953:*
Der Scheidungsgrund
Man fasst es nicht: Liselotte Pulver wurde der Scheidungsgrund für die seit mehr als sieben Jahren bestehende Ehe von Hardy Krüger. Am 20. Juli haben die beiden sich erst kennengelernt, und Hardy Krüger mochte die Pulver vorher gar nicht leiden. Aber er ließ sich dann doch ganz schnell scheiden, und nun spielt er 1. mit Liselotte Pulver einen Film, in dem es um das mehr oder minder schnelle Scheiden von Ehen geht, und 2. will er im Herbst so bald wie möglich auf Hochzeitsreise gehen. (…) An einem heißen Drehtag waren er und Liselotte im Atelier zusammengesessen und hatten Blödsinn gemacht. Laut Drehbuch waren sie »ver-

heiratet« und auch mit Eheringen »bewaffnet«. »Wenn ich nach Düsseldorf fahre, erzähle ich dort, dass ich verheiratet bin«, hatte Lilo dabei unter dem Lachen der anderen gesagt. (...) Niemand hatte daran geglaubt. Bis die Agenturmeldung kam und Hardy schwarz auf weiß lesen konnte, dass Liselotte Wort gehalten hatte. Hardy hatte sich nach Lektüre seiner Hochzeitsnachricht kaum beruhigt. Er findet die Geschichte »irrsinnig« komisch und ist nach wie vor mit seiner Frau Renate Densow verheiratet. (...)«

Und Hardy? Ja, er hat sich wirklich halb totgelacht!

Nur ein Jahr später, 1954, haben wir wieder zusammen gedreht, *Der letzte Sommer*. Hardy spielte darin einen Studenten, der sich einer radikalen Gruppierung anschließt, die ein Attentat auf den Staatspräsidenten eines nordeuropäischen Landes plant. Der Student lernt die Tochter des Präsidenten kennen, also mich. Und wie soll es anders sein – die beiden verlieben sich, und der Student gibt sein Vorhaben, den Anschlag, auf ...

Für meine Rolle war anfangs Ruth Leuwerik im Gespräch. Ich wollte aber unbedingt wieder mit Hardy arbeiten. Wenn ich auf eine Rolle wirklich scharf war, dann bin ich zu Regisseuren und Produzenten gegangen und habe denen das genau so gesagt. Und dieses Mal ging ich zu Ruth Leuwerik. Ich besuchte sie in Hamburg, und sie war doch einigermaßen verwundert, dass ich sie privat aufsuchte. Aber als ich ihr mein Anliegen geschildert hatte, war sie gleich einverstanden und verzichtete auf die Rolle in *Der letzte Sommer*.

Das muss Schicksal sein: Ehejahre

Warum verliebt man sich? Warum verliebt man sich ausgerechnet in den einen Menschen? Das ist ein Geheimnis – immer gewesen und wird es wohl bleiben. Man lernt einen gutaussehenden Mann kennen, und es passiert überhaupt nichts. Man lernt einen anderen kennen, der vielleicht gar nicht besonders aussieht und der auch eine eher unbedeutende Erscheinung ist – und trotzdem: Auf einmal entdeckt man ihn für sich. Aufs Aussehen kommt es gar nicht so sehr an, sondern auf das Drumherum, auf die Art. Das gilt für Männer wie für Frauen.

Bei Helmut kam alles zusammen: das Aussehen, die Art, das Drumherum!

Meine allererste Begegnung mit ihm fand kurz und en passant am Rande eines Boxkampfes in Berlin statt, Bubi Scholz stand im Ring, das Kampfgeschehen war aber schon nach einer Minute vorbei, weil Scholz seinen Widersacher ausknockte. Danach verloren wir einander erst einmal wieder aus den Augen.

Wirklich kennengelernt haben wir uns 1960 beim Dreh von *Gustav Adolfs Page*, das habe ich ja schon erwähnt. Und auch von meinem Frust, dass mir *El Cid* durch die Lappen gegangen war, über diese verpasste Chance habe ich erzählt.

Liselotte Pulver und Ehemann Helmut Schmid, 1970

Als die Dreharbeiten zu *Gustav Adolf* begannen, war ich noch sehr aufgewühlt und versuchte, nicht mehr über etwas nachzudenken, das sich sowieso nicht ändern ließ. Wie es immer so war, ließ ein neuer Film mir – glücklicherweise – kaum Zeit zum Grübeln, was alles hätte sein können … Jetzt musste ich mich zu hundert Prozent auf die Arbeit konzentrieren.

Gedreht wurde *Gustav Adolfs Page* erst in Rothenburg ob der Tauber und anschließend in Wien. Im Mittelpunkt standen der Schwedenkönig Gustav Adolf, der im Jahr 1631 während des Dreißigjährigen Kriegs nach Nürnberg kommt, um Truppen für seinen Kampf gegen Wallenstein anzuwerben, und die junge, burschikose Gustl Leubelfing, die seit dem Tod des Vaters bei ihrem Onkel lebt und sich weniger für Haushalt und Küche interessiert als vielmehr fürs Reiten und Abenteuer begeistert. Ihr großes Idol ist König Gustav Adolf. Und als der nun Nürnberg besucht, verkleidet sich Gustl als Junge und nimmt eine Stelle als Page des Königs an. Als Adolfs Feinde das Rollenspiel entdecken, schüren sie eine Intrige gegen den König. Die letzten Szenen des Films spielen auf dem Schlachtfeld, kurz vor dem großen Kampf gegen Wallenstein. Doch bevor es dazu kommen kann, sterben der König und sein Page bei der Explosion eines in der Nähe stehenden Pulverwagens. Am Ende liegen wir beide aufgebahrt – ich als der Page zu Füßen des Königs, also Curd Jürgens.

Der Film war ein opulentes Historiendrama, ein aufwendiger Kostümschinken mit sehr vielen Reitszenen, was mir besonders gut gefiel!

Während unserer Dreharbeiten hatte ich zu Helmut so gut

wie keinen Kontakt. Denn als Page spielte ich meine Szenen meistens mit Curd. Nur in einer einzigen Szene standen Helmut und ich gemeinsam vor der Kamera, nämlich als Graf Lauenburg, also Helmut, den König angreift und ihn töten will – und ich, der Page, springe beherzt dazwischen und rette den König. Das war meine erste richtige Begegnung mit meinem Mann. Erinnerungswürdig in jeder Beziehung, denn bei meinem Sprung knallten wir ordentlich zusammen, und der Page bekam einen schmerzhaften Tritt des Grafen ab.

Es dauerte bis zum letzten Drehtag, aber dann sprach Helmut mich an und fragte, ob ich an diesem Abend mit ihm ausgehen wolle. Er würde mich gerne zum Heurigen in Wien einladen. Ich sagte zu.

Helmuts Szenen für *Gustav Adolf* waren bereits abgedreht, ich aber musste am nächsten Morgen wieder ganz früh aufstehen, um am Set zu sein. Noch eine ganze Woche lang hatte ich zu drehen. Wir verbrachten einen wunderbaren Abend, und als wir uns schließlich verabschieden mussten, bat ich Helmut, mir seine Telefonnummer zu geben. An diesem Abend verliebte ich mich in meinen Mann.

Die folgenden sieben Tage in Wien – das Warten darauf, Helmut endlich, endlich, wiederzusehen –, waren eine einzige Tortur. Spätestens jetzt waren alle trübseligen Gedanken an *El Cid* wie weggeblasen. Sobald ich mit meinen Szenen fertig war, fuhr ich nach München, dort hatte ich damals eine Wohnung, und rief Helmut an. Wir verabredeten uns, und in den folgenden Wochen trafen wir uns häufig, gingen zusammen essen, ins Kino, in Bars und zum Tanzen – so hat es sich ganz langsam entwickelt, bis eine richtige Beziehung daraus wurde. Ich stand natürlich von Anfang an in Flammen für ihn, bei ihm hat es ein wenig länger gedauert … Aber es war der Beginn einer großen Liebe.

Was war bei Helmut anders als bei Ihren früheren Filmpartnern, in die Sie sich verliebt hatten?

Zunächst einmal: Er war nicht verheiratet, die anderen waren ja alle verheiratet. *(lacht)* Ich hätte nie von einem Mann, der fest vergeben ist, verlangt, dass er sich für mich scheiden lässt. Das wäre mir nicht in den Sinn gekommen. Die verheirateten Männer, die ich früher kennengelernt hatte, sind auch immer bei ihren Frauen geblieben. Ich war nur die Nummer zwei, mehr oder weniger die Geliebte. Als wir uns kennenlernten, war Helmut zwar auch noch in einer Beziehung, aber er war nicht verheiratet, und es war nichts Ernstes.

Wie soll ich das Mysterium der Liebe beschreiben? Helmut war einfach der Mann, der mir gefiel: Ich mochte seine Ausstrahlung, seine Art zu reden. Er war ein richtiger Mann, sportlich ein Ass. Alles, was er anpackte, gelang ihm. Er sprach ein unglaublich schönes Deutsch. Helmut war Bayer, sprach aber kein Bayrisch sondern Hochdeutsch. Die Tatsache, dass wir beide denselben Beruf ausübten, spielte für mich keine Rolle, aber ich fand es eigentlich ganz praktisch. Wenn wir später gemeinsam in einem Film spielten, konnten wir uns gut zusammen vorbereiten, haben unsere Szenen zu Hause erarbeitet. Das war von großem Vorteil. Wir haben versucht, möglichst *viel* zusammen zu arbeiten, um möglichst *wenig* voneinander getrennt zu sein. Immer klappte das natürlich nicht. Die Produzenten wurden langsam sauer, weil sie auch einen anderen Filmpartner neben mir sehen wollten anstatt immer nur den Ehemann.

Helmut und ich hatten den gleichen Humor und konnten über dieselben Dinge lachen. Ansonsten waren wir vom Typ her ziemlich gegensätzlich. Er eher der Draufgängerische, ich die Vorsichtige. Er war ganz natürlich in allem, was er tat, machte aus nichts ein großes Geheimnis oder Getue, er war ehrlich und geradeaus. Realistischer als ich und mir in allem immer einen kleinen Schritt voraus.

Ich war immer wahnsinnig eifersüchtig. Umgekehrt war es das Gegenteil. Helmut war überhaupt nicht eifersüchtig. Ich habe natürlich versucht, meine Eifersucht nach außen hin nicht zu zeigen. Aber wenn er in weiblicher Gesellschaft essen ging, zum Beispiel mit einer Schauspielkollegin, habe ich schon nachgefragt und mich erkundigt, wie es denn so gelaufen sei … *(lacht)* Wenn ein anderes Mädchen mit am Tisch saß, habe ich mir das genauer angesehen. Heimlich, ich wollte nicht dabei ertappt werden, und habe das überspielt. Ja, ich war sehr eifersüchtig. Auch später noch, wenn Helmut mit einer attraktiven Kollegin gedreht hat. Er hatte immer großen Erfolg bei seinen Filmpartnerinnen, die aber auch echte Superweiber waren. Da machte man sich halt ein bisschen Sorgen … Aber meine Eifersucht war völlig unbegründet, denn Helmut hatte an anderen Frauen gar kein Interesse. Wir waren füreinander das Nonplusultra! Und seit ich Helmut kannte, war es für mich auch aus und vorbei damit, mich in meine Filmpartner zu vergucken.

Helmut stammte aus einer Künstlerfamilie. Sein Vater Paul Schmid war Schauspieler, Regisseur und Intendant, als

solcher hatte er schon verschiedene Theater saniert und ge-
leitet. Unter anderem war er Direktor des Landestheaters
Innsbruck. Und er hat Helmut als jungen Schauspieler beschäftigt und somit die Karriere seines Sohnes von Anfang
an gefördert. Helmut hatte nach dem Abitur zunächst andere Pläne und begann ein Medizin- und Jurastudium, das
er aber aufgab, nachdem er sich doch für die Schauspielerei
entschieden hatte.

Helmuts Mutter Helene war Sängerin, ebenso wie meine
Mutter. Nicht die einzige Gemeinsamkeit. Unsere beiden
Mütter sind am gleichen Tag geboren, und Helmuts Eltern
heirateten an einem 11. Oktober, was wiederum mein Geburtstag ist.

Wenn das mal keine guten Vorzeichen waren … Das muss
Schicksal sein, dachte ich mir.

Hochzeit von Liselotte Pulver und Helmut Schmid, 1961

Der glücklichste Tag meines Lebens

Der 8. September 1961 war der glücklichste Tag meines Lebens. Der Faust'sche Vers »Verweile doch, du bist so schön« hätte das perfekte Motto dieses Tages lauten können. Ein Satz, den aus tiefster Überzeugung auszusprechen man in seinem Leben vielleicht nur drei- oder viermal die Gelegenheit bekommt.

Ich hatte es ja schon erwähnt: Den Hochzeitstermin hatten wir schon mehrere Male verschieben müssen, weil immer wieder irgendetwas – meistens Dreharbeiten – in die Quere gekommen waren. Aber dann war es endlich so weit. Im Standesamt in Zürich gaben wir einander das formelle Jawort und gingen anschließend, frisch vermählt, in der berühmten Zürcher »Kronenhalle« essen.

Und am Tag darauf, dem 9. September, fand eine kirchliche Trauung in einer wunderhübschen kleinen Kapelle nahe dem Genfer See statt, in Luins, inmitten der Weinberge. Das Hochzeitskleid aus reiner Spitze hatte mir meine Schwester Corinne in Rom besorgt. Ohne dass ich es anprobiert hätte – sie brachte es aus Italien mit –, saß es wie angegossen.

An diesem Tag passte alles! Das Wetter spielte mit, endlich, nach einer langen Schlechtwetterphase schien die Sonne.

Schien uns die Sonne! Nach dem kirchlichen Zeremoniell spazierte die ganze Hochzeitsgesellschaft hinunter zum Wasser und bestieg die »Savoie«, einen dieser alten Raddampfer auf dem Genfer See. Das Schiff hatten wir für die Hochzeitsfeierlichkeiten angemietet. Wir legten ab und schipperten einmal quer über den Genfer See hinüber nach Vevey, wo wir anlegten, auf den Mont Pèlerin stiegen und in einem Lokal weiterfeierten.

Dort hielt Papa die Hochzeitsrede für Helmut und mich, die gewitzt und rührend zugleich war. Sieben wohlgemeinte Ratschläge für unser zukünftiges Leben, nämlich das eines Künstlerhaushalts, führte Vater auf:

Wir feiern heute das Ereignis, dass sich eine Künstlerin und ein Künstler die Hand zum Lebensbunde reichen. (…) Wir haben eine große Hochachtung für die Künstler. Denn sie haben die hohe Berufung, uns das empfangene künstlerische Gut in einer nur uns fassbaren Form zu überreichen. (…) Ein alter Lehrer, der Liselotte als Schulmädchen gut kannte, erkundigte sich, als ich ihn kürzlich traf, wie es Liselotte gehe. Ich sagte, sie werde bald heiraten. Er bemerkte, weil ich beifügte, ihr Bräutigam sei auch Schauspieler: »Ja, hoffentlich wird das dann nicht so eine Künstlerhaushaltung.« (…)

Sodann folgten Papas Ratschläge für das eheliche Leben, und seine Rede endete mit:

Zum Schluss noch eines: Wenn einer berühmt ist, so breiten sich Anekdoten und Gerüchte um ihn aus. Viele davon sind frei erfunden oder verdreht, von Leuten, die sich dabei wichtig vorkommen. Lasst euch also nicht verdrießen, wenn solche Vorfälle über euch ausgestreut werden. Nehmt diese Elternworte zu Herzen, sie kommen von Herzen. Meine Frau und ich freuen uns, eine neue Familie sich bilden zu sehen. Es möge Glück und Gottes Segen über eurem Ehebunde walten.

Helmut und ich hatten beschlossen, nach der Hochzeit nicht wegzufahren, sondern unsere Flitterwochen zu Hause in Nyon zu verbringen, wo wir damals noch lebten, vor dem Umzug nach Perroy. Doch wir waren nicht allein in den Flitterwochen: Bei uns blieben unsere Mütter. Und das klappte hervorragend. Meine Schwiegermutter war eine zauberhafte Person. Und unsere Mütter verstanden sich gut, sie hatten viele Gemeinsamkeiten, waren ja beide Sängerinnen. Es ging sehr gemütlich zu während unserer Flitterwochen. Helmut und ich wurden von unseren Müttern verwöhnt. Es war Sommer, wir badeten viel, Helmut segelte jeden Tag, denn zur Hochzeit hatte ich ihm ein Boot geschenkt, das er ausgiebig nutzte. Und ich lernte, wenn ich nicht gerade verwöhnt wurde, den Text für meinen nächsten Film. Es waren drei herrliche, drei harmonische Wochen zu viert.

Unseren Hochzeitstag begingen Helmut und ich immer mit einem besonderen Ritual. In jedem Jahr am 9. September sind wir aufs Wasser gegangen. Egal, wo auf der Welt wir uns gerade an diesem Tag aufhielten, am liebsten gemeinsam, aber auch getrennt, wenn es anders nicht möglich war: Wir fuhren mit einem Boot aufs Wasser, in einem Jahr war es ein See, im nächsten ein Fluss, im übernächsten vielleicht das Meer. Auch wenn es manchmal gar nicht so leicht war, etwas zu finden: Irgendein See, irgendeine Pfütze war immer in der Nähe. Hauptsache Wasser, und wenn es ein Ruderboot war. Nur ein einziges Mal in den 31 Jahren unserer Ehe hat es mit dem Ritual nicht hingehauen, was aber daran lag, dass wir den Hochzeitstag einfach vergessen hatten …

Auch später, nach Helmuts Tod, setzte ich unsere kleine 9.-September-Tradition fort, und ich pflege sie bis heute. Meistens allein, manchmal mit meinem Sohn. In Berlin zum Beispiel fuhr ich auf der Spree oder war auf dem Wannsee, wenn ich in München war, ging es zum Starnberger See oder an den Tegernsee, in Hamburg – natürlich – auf die Alster. Letztes Jahr machte ich auf dem Genfer See eine Tour mit einem Dampfschiff, vielleicht war es sogar die »Savoie«, die mittlerweile wieder im Einsatz ist, nachdem sie aufwendig renoviert wurde. Ich gehe dann aufs Schiff, esse eine Kleinigkeit und steige wieder aus. Und denke an unsere Hochzeit damals, 1961 …

Wenn ich die Jahre mit Helmut in einem Satz beschreiben sollte, dann würde ich sagen: Unsere Ehe war eine einzige rosarote Wolke! Angefangen mit unserem Kennenlernen, dem Verliebtsein, dann die Heirat, die Feier mit allen Verwandten mitten auf dem Genfer See – es war perfekt. Auf einer rosaroten Wolke fühlte ich mich immer dann, wenn es richtig gut lief im Leben. Auch wenn alles geklappt hat im Beruf, wenn ich eine große Rolle gespielt hatte, der Dreh gut zu Ende gegangen war und ich auf die Premiere ging, wo der Film gute Kritiken bekam – auch dann schwebte ich auf meiner rosaroten Wolke.

Man verwechselt Sex und Liebe

Wenn man eine gute Beziehung führen möchte, sind verschiedene Punkte wichtig.

Zum einen: Man muss auch zurückstecken können. Schlimm ist es, wenn einer der Partner darauf beharrt, immer im Recht zu sein. Selbst wenn man es tatsächlich ist, kann es manchmal klüger sein, nicht darauf herumzureiten. Endlose Diskussionen bringen am Ende nämlich vor allem eines: Streit.

Bei Helmut und mir hat es sich so verhalten, dass immer einer nachgegeben hat, wenn wir uns nicht einig waren. Oft war ich das! Die Klügere gibt nach … *(lacht)* Aber manchmal hat auch Helmut nachgegeben! Denn wenn man sich liebt, muss man einen Streit beenden können und darf ihn nicht endlos auswalzen.

Zum anderen: Heutzutage wird einem alles zu leicht gemacht. Wenn es in der Beziehung kriselt, dann kämpfen viele nicht mehr gegen diese Krise an. Sich mit den Ursachen zu beschäftigen, ist vielen zu anstrengend. Man geht einfach zu einer oder einem anderen. Man verwechselt Sex und Liebe. Es folgt die Ernüchterung und dann die Trennung.

Die Barrieren, die Hemmschwellen sind heute viel niedriger. Jeder kann schneller umsteigen von dem einen zum nächsten Partner, kann schneller heiraten und sich auch schneller scheiden lassen. Letztlich muss natürlich jeder für sich selber entscheiden, ob und inwieweit er für seine Beziehung kämpfen möchte, ob man bei seinem Partner bleiben möchte oder es einfach sein lässt.

Für eine wirkliche, eine tiefe Beziehung braucht es Regeln, die man einhalten muss, sonst klappt es einfach nicht. Man verliert das Vertrauen in den Partner, wenn Regeln verletzt werden. Zu den wichtigsten gehört für mich die Treue. Da war ich schon immer sehr konservativ. Treue stand immer an erster Stelle.

Ich habe mir in meinem Leben einige Ziele gesteckt, die ich nicht immer erreicht habe. Aber die absoluten Werte wie Treue habe ich immer gelebt, Fremdgehen wäre in meiner Ehe nie in Frage gekommen, auch bei meinem Mann nicht. Dann wäre es aus gewesen zwischen uns. Wenn man einen Film drehte und mit anderen Partnern Liebesszenen spielte, dann bestand vielleicht die Gefahr, auf dumme Gedanken zu kommen. Die Versuchung konnte groß sein, aber man musste immer wissen, wie weit man geht. Uns beiden war das klar.

Sie haben einmal gesagt, Sie seien »das Gegenteil von einer emanzipierten Frau«…

Ja, in gewisser Weise bin ich das. Die klassischen Emanzen mochte ich nie. Wegen ihres Gehabes und der Art, wie sie auftraten. Ich mag keine Frauen, die sich wie Männer aufführen. Ich habe mich immer bemüht, feminin zu bleiben, obwohl ich nicht so wirke, ich bin ja eher burschikos. In beruflichen Dingen würde ich mich als ehrgeizig bezeichnen, nicht als emanzipiert. Ich hätte mich allerdings auch nie als eine Frau gesehen, die nur zu Hause ist und sich um den Haushalt kümmert. Meine berufliche Unabhängigkeit war mir wichtig.

Hätten Sie für die Liebe denn die Karriere aufgegeben?

Nein, ich glaube nicht. Aus einem ganz einfachen Grund: Weil ich genau weiß, dass ich es ohne meinen Beruf gar nicht ausgehalten hätte. Ich hätte es mir auch nicht vorstellen können, mit einem Mann verheiratet zu sein, der einen vollkommen anderen Beruf ausübt und der die Sorgen und Nöte, die einen Schauspieler umtreiben, nicht versteht. Ich wurde zum Glück nie vor die Wahl gestellt: Familie oder Karriere.

Liselotte Pulver und Dieter Hallervorden beim Interview anlässlich der Premiere von
Die Hochzeitsreise, 1969

Heuschnupfen mit Hallervorden

Mit Dieter Hallervorden zu arbeiten war wahnsinnig komisch. Hallervorden ist ein Urviech! Mit ihm drehte ich Ende der sechziger Jahre eine Filmkomödie, *Die Hochzeitsreise*, produziert von Artur Brauner.

Der Film war für mich noch einmal eine Art Wiederbeginn im Kino, nachdem sich in den Jahren zuvor vieles verändert hatte und gute Rollenangebote rarer geworden waren. Opas Kino war beerdigt worden, und dazu gehörten Leute wie Kurt Hoffmann und offenbar auch ich. Ich hatte einige Rollenangebote abgelehnt und wollte warten, bis etwas Besseres kommt, aber dann kam nichts mehr oder nur wenig. Ich musste mich umorientieren. Das Fernsehen nahm eine immer wichtigere Rolle ein, und der Neue Deutsche Film prägte die Kinolandschaft. Ich hatte überhaupt keine Verbindungen zu Regisseuren wie Rainer Werner Fassbinder, Werner Herzog und anderen – sie waren eine Clique für sich. Wenn ich ein gutes Angebot von ihnen erhalten hätte, dann hätte ich es wahrscheinlich sogar angenommen. Ich hatte aber weiterhin gute Kontakte zu Fernsehleuten. Beim Fernsehen war vieles anders, man verdiente auch weniger als beim Film. Die Rollen mussten aber deswegen nicht gleich schlechter sein, im Gegenteil, es gab sehr gute Rollen.

Das Jahr 1969 war beruflich nicht grandios gelaufen. Projekte waren nicht zustande gekommen oder entpuppten sich als Misserfolg. Überall war der Wurm drin. Also freute ich mich über das Angebot von Artur Brauner und flog nach Rom zu den Dreharbeiten für *Die Hochzeitsreise.* Hallervorden und ich spielten das Ehepaar Hannelore und Lukas, das sich im verflixten siebten Ehejahr befindet und nach Rom fährt, um die Hochzeitsreise nachzuholen. Auf der Reise geht so einiges schief, sie ist voller Hindernisse und Pannen. Eine Menge Klamauk. Mit dem Drehbuch, das nach einem Theaterstück geschrieben war, hatte ich anfangs Probleme. Daraufhin wurde es immer wieder umgeschrieben, bis am Schluss gar nichts mehr stimmte. Bei den Dreharbeiten in Rom aber hatten Hallervorden und ich eine Menge Spaß, auch wenn sie alles in allem unter keinem guten Stern standen. Innerhalb des Drehteams kam es immer wieder zu Spannungen, und dann wurde auch noch in unser Hotel eingebrochen und mein Schmuck gestohlen, darunter ein sehr schöner Ring mit einem herrlichen Aquamarin.

Außerdem plagte mich – wie alle Jahre wieder im Sommer – mein altes Leiden: der Heuschnupfen! Wenn alle anderen den Sommer, die Sonne und die Natur genießen durften, litt ich Qualen. Zum ersten Mal zu spüren bekam ich den Heuschnupfen, als ich noch ganz am Anfang meiner Karriere stand. Am Schauspielhaus Zürich hatte ich mein erstes Engagement und pendelte jeden Tag mit dem Zug von Bern nach Zürich. Eines Morgens im Juni fingen meine Augen plötzlich wahnsinnig an zu brennen und zu jucken, meine Nase lief und lief. Das war meine Heuschnupfen-Premiere, die erste Pollenattacke! Ich war 18 oder 19 Jahre alt. Den ganzen Sommer über, und besonders heftig war's im Juni, plagte mich die Allergie. Asthma, Husten, Bronchitis – ich war richtig krank, bekam Impfungen und Spritzen und musste trotzdem drehen. Wegen des guten Wetters wurden Dreharbeiten gern in die Monate Mai und Juni gelegt, genau in die Zeit, wenn die Pollen am stärksten flogen. Am meisten zu schaffen machten mir immer die Grasblüte und Akazien, aber eigentlich reagierte ich auf alles, was im Sommer Blüten trieb. Vor ein paar Jahren verschwand der Heuschnupfen so plötzlich, wie er gekommen war. Aus heiterem Himmel war ich geheilt. Aber in den vielen Jahren davor war er mein treuer, ungebetener Begleiter und meldete sich immer dann, wenn es am wenigsten passte …

So auch im Sommer 1969 in Rom bei den Dreharbeiten zur *Hochzeitsreise*. Aber dieses Mal war ich wenigstens nicht allein: Dieter Hallervorden, mein Film-Ehemann, war ein Leidensgenosse – auch er ein Opfer der Pollen. Gemeinsam schnupften und niesten wir uns von Szene zu Szene.

Im August kam *Die Hochzeitsreise* in die deutschen Kinos – und floppte grandios. Vielleicht nicht ganz zu Unrecht …

Liselotte Pulver in einer Drehpause zu einer Folge der *Sesamstraße*, 1977

Und plötzlich waren Kinder
mein Publikum

1977 wurde die deutsche Ausgabe der weltberühmten Kindersendung umgekrempelt und modernisiert, und man führte eine neue Rahmenhandlung ein. Es gab nicht mehr die altbekannte Wohnstraße, sondern eine Art offenes Haus mit Küche und Theke und Hockern. Hauptdarsteller waren Tiffy und Samson, zwei Puppenfiguren, und jeweils zwei reale Schauspieler, Frau und Mann, die unter ihren wirklichen Vornamen auftraten. In der ersten Staffel der neuen *Sesamstraße* waren das Henning Venske und ich; später kamen andere dazu, wie Manfred Krug, Horst Janson, Uwe Friedrichsen oder Hildegard Krekel.

Gedreht wurde im Studio Hamburg – in Hamburg. Für mich perfekt, denn endlich konnte ich wieder eine längere Zeit in meiner Lieblingsstadt verbringen.

In der *Sesamstraße* gab es keine richtigen Rollen, ich spielte mich einfach selber, deswegen hieß ich auch nur »die Lilo«. Wir machten Spiele mit den Puppen, wir kochten mit ihnen. Oder haben zusammen gelesen. All solche Sachen. Die Texte waren zwar geschrieben, aber wir konnten improvisieren. Schauspielerisch war das mehr als eine Fingerübung. Die Herausforderung bestand darin, sich auf die Arbeit mit den vier Kameras einzustellen, die sich im Studio befanden.

Das war etwas ganz anderes, als ich es bislang vom Filmen oder von den Fernsehspielen her kannte. Es gab kaum Zeit zum Proben, es wurde gleich gedreht und musste sitzen. Ich weiß noch, dass ich anfangs immer in die falsche Richtung geschaut habe. Nach vorne habe ich den Text gesprochen, die Kamera stand aber hinter mir – oder umgekehrt. *(lacht)*

Als man mir die Rolle in der *Sesamstraße* anbot, habe ich unterschätzt, was da auf mich zukommt. Eine Kinderserie fürs Fernsehen, na ja, dachte ich, das ist leichte Kost, ein bisschen Training mit der Kamera. Da hatte ich mich ganz schön vertan. Das, was so leicht aussah, verlangte uns viel ab. Aber so ist es ja meistens im Leben …

Ungewohnt war es, mit Tierfiguren, also Stofftieren, zu spielen anstatt mit Menschen. Wenn ich den Riesenbären Samson vor mir stehen hatte und mit ihm redete, dann schaute ich nach oben zum Kopf, wo nichts drin war, denn das Gesicht des Puppenspielers befand sich versteckt unten im Bauch des Kostüms. Und bei der kleinen Handpuppe Tiffy hat man auch nur mit der Puppe gesprochen und nicht mit der Schauspielerin, die Tiffy bedient hat.

Am Tag wurden zwei bis drei Folgen gedreht. Jeden Tag, über Wochen, manchmal 45 Drehtage für eine Staffel. Ein strammes Programm – über sechs Jahre lang, bis 1983. Auch wenn es anstrengende Dreharbeiten waren, war ich irrsinnig gerne »die Lilo aus der Sesamstraße«. Denn plötzlich waren Kinder mein Publikum! Kinder schrieben mir Briefe, wendeten sich mit ihren Fragen an mich. Das war wirklich schön.

Und nicht zu vergessen: Die *Sesamstraße* war ein Riesenerfolg!

HORST JANSON

Und dann gab es natürlich noch die Sesamstraße. *Leider war Lilo hier nicht meine direkte Partnerin. Wir, also die menschlichen Akteure neben den Puppen, waren aufgeteilt in zwei Gruppen, die für die unterschiedlichen Erziehungsmethoden standen: Es gab den eher autoritären Part, wo nach alten Prinzipien gehandelt wurde, und den freundschaftlichen, moderneren Part. Ich spielte den lockeren, kumpelhaften Horst, mit Ute Willing an meiner Seite. Manfred Krug zum Beispiel war der autoritäre Vater, der mit Lilo als Partnerin spielte. Es gab aber auch einige Folgen, in denen wir alle gemeinsam zu sehen waren, Jubiläumsfolgen und dergleichen. Ansonsten hatte ich bei der täglichen Dreharbeit mit Lilo weniger zu tun. Die* Sesamstraße *zu drehen war schon etwas Besonderes. Der Beruf des Schauspielers ist ja sehr vielseitig, und mein Bestreben war es immer, diese Vielseitigkeit auszunutzen, und alles, was auch nur entfernt damit zusammenhing, habe ich ausprobiert. Auf meine Karriere hat sich die* Sesamstraße *sehr positiv ausgewirkt, dadurch dass mich Generationen von Kindern im Fernsehen sehen konnten. Viele von ihnen sind treu geblieben. Ich werde heute noch auf der Straße auf die* Sesamstraße *angesprochen – mittlerweile sind die kleinen Zuschauer von damals erwachsene Leute.*

Das letzte Mal traf ich Lilo Pulver bei einer großen TV-Geburtstagsgala im Studio Hamburg anlässlich ihres 75. Geburtstags, um ihr – zusammen mit Samson aus der Sesamstraße *– zu gratulieren. Ich war fasziniert davon, wie* *sie mit fünfundsiebzig aufs Pferd sprang und wie wahnsinnig fit sie war und wie fabelhaft sie aussah. Ich habe mich immer gefragt, warum sie sich von Film und Fernsehen zurückgezogen hat. Denn ihr einmaliges Lachen wird doch von allen sehr vermisst! Immer noch! Ich bin nun auch schon achtzig Jahre alt und könnte mir niemals vorstellen, nicht mehr zu arbeiten. Schauspieler haben gewisse Lebensgewohnheiten, und ich frage mich, ob Lilo die Schauspielerei vermisst. In allen ihren vielen Rollen ist es ihr gelungen, ihre positiven Charaktereigenschaften umzusetzen. Dafür haben die Menschen sie geliebt.*

Und deshalb frage ich mich bis heute, warum hat sie bloß nicht weitergemacht?

Es sollte immer perfekt sein!

Wenn ich etwas gemacht habe, wenn ich gespielt habe, dann sollte es auch gut werden – dann sollte es perfekt sein!

Immer wieder werde ich gefragt, ob ich mir vorstellen könnte, noch einmal eine Filmrolle zu spielen und wenn ja, welche. Ich bekomme auch immer wieder Angebote. Dazu kann ich klipp und klar sagen: Arbeiten, also vor der Kamera oder auf einer Theaterbühne stehen, kommt für mich nicht mehr in Frage. Ich bin mittlerweile über achtzig Jahre alt, und es gibt nur wenige Schauspieler, die in diesem Alter noch arbeiten. Inge Meysel zum Beispiel war bis ins hohe Alter aktiv. Ich kannte sie früher, von der Hamburgischen Staatsoper, wo wir Anfang der siebziger Jahre in *Orpheus in der Unterwelt* spielten, meine Rolle war »Die öffentliche Meinung«. Die Meysel war toll, eine ganz Burschikose, sehr witzig. Aber als Vorbild in Sachen Karriere im Alter habe ich sie mir nicht genommen.

Um es gut zu machen, muss man auch die Lust zu spielen haben. Und man muss die Zeit haben, sich exzellent vorzubereiten. Das alles ist nicht mehr der Fall, denn ich bin viel langsamer in allem geworden. Und wenn das alles nicht gegeben ist, wäre ich nicht mehr gut. Das Pensum, wie ich es von früher kenne, würde ich heute nicht mehr schaffen. Zwölf Stunden am Tag im Studio zu stehen und dabei noch gut auszusehen – das sind wirklich lange Tage am Filmset. Es geht los mit dem Schminken am frühen Morgen, dann den ganzen Tag drehen bis in die späten Abendstunden, da muss alles perfekt sein und sitzen.

Gerade in meinem Beruf ist es so eine Sache mit dem Aussehen. Wenn ich geschminkt werde, wird das Beste aus mir gemacht. Aber das Aussehen ist nicht mehr so, wie es früher einmal war. So ehrlich muss man mit sich selber sein. Die Kamera ist unerbittlich, die Kamera sieht alles. Da kann man schminken, so viel man will. Man kann operieren, so viel man will – man wird einfach alt. Jeder Zuschauer würde vergleichen zwischen Heute und Damals.

Die Leute mögen mich jung, so wie sie mich aus meinen Filmen kennen. Sie möchten mich nicht plötzlich als alte Frau auf der Leinwand sehen. Vielleicht gibt es den einen oder anderen, den das nicht stören würde, aber ich bin sicher, das große Publikum würde es nicht akzeptieren. Ich weiß ja, wie ich selber reagiere: Wenn ich eine Schauspielerin sehe, die früher große Filme gemacht hat, und jetzt ist sie plötzlich eine weißhaarige Frau im hohen Alter, vollkommen anders, als man sich an sie erinnert, dann tut mir das leid. Auch wenn die Rollen gut sind, die sie spielt … Auf der Bühne ist es etwas anderes, da kann man alt werden und immer noch ein Bühnenstar sein, im Theater sieht man nicht so genau hin.

Natürlich gibt es Schauspielerinnen, die eine Alterskarriere gemacht haben, die also erst bekannt und anerkannt wurden, als sie ein gewisses Alter erreicht hatten. Dabei spielt es keine große Rolle, wie sie aussehen. Zum Beispiel Stephanie Glaser, eine Schweizer Kollegin, mit der ich in den fünfziger

Jahren in *Uli der Knecht* und *Uli der Pächter* spielte. Sie hatte in jüngeren Jahren zwar Erfolg, machte aber erst im Alter eine Riesenkarriere, bekam ihre erste Kinohauptrolle mit 86 Jahren in *Die Herbstzeitlosen*. Sie war eine ausgezeichnete Darstellerin. Auf eine gewisse, eine gute Art war sie immer schon alt. Das ist bei mir nicht der Fall. Ich bin nicht der Typ für eine Alterskarriere! *(lacht)*

In meinem Beruf gibt es wohl kaum eine Kollegin, die nicht irgendwann irgendetwas hat korrigieren lassen. Wenn es um das Thema Aussehen geht, gibt es übrigens einen deutlichen Unterschied in der Branche zwischen Männern und Frauen, da wird mit zweierlei Maß gemessen. Wenn Schauspielerinnen altern, werden sie einfach nicht mehr besetzt, stattdessen wird eine Jüngere genommen. Wenn man etwas an sich operieren lässt, zögert man diesen Prozess etwas hinaus. Mehr nicht. Bei Männern hingegen ist es fast egal, Männer können auch im Alter noch drehen, da stört es keinen, wie sie aussehen. Ich bin sicher, es gibt auch längst nicht so viele Männer, die sich operieren lassen. Oder sie machen es noch heimlicher als die Frauen. Ich jedenfalls kenne keinen.

Bei aller Eitelkeit – Gewichtsprobleme hatten Sie aber nie …

Doch, und wie ich die hatte – nur umgekehrt! Ich hätte immer gerne mehr drauf gehabt. Ich bin immer zu dünn gewesen. Weil ich als junge Frau schon so dünn war, habe ich auch so viele Hosenrollen gespielt. Ich sah ja aus wie ein Bub. Ich habe gerne dicke Leute. Ich mag kräftige Menschen, wie auch mein Mann ja einer war!

»Toiletteseife macht die Haut lieblicher« – was sagt Ihnen die-ser schöne Satz?

Ja, klar, den kenne ich. Das war die Luxor-Seife …

… für die Sie 1952/53 Werbung gemacht haben – mit genau diesem Slogan. Damit sind Sie bestimmt reich geworden?

Und wie! Eine Schachtel Seife habe ich dafür bekommen! Man wurde nämlich gar nicht bezahlt. Es war Mode, sich für Luxor fotografieren zu lassen. Sehr viele Schauspieler ha-ben mitgemacht, auch Hildegard Knef und Sonja Ziemann. Die Fotos wurden überall publiziert, es war also nicht nur Werbung für die Seife, sondern auch für einen selbst. Man durfte sich geehrt fühlen, wenn man gefragt wurde. Ich habe die Seife eine Zeitlang sogar benutzt, aber mittlerweile ver-wende ich eine Bio-Seife.

Mein Hang zum Perfektionismus ist anerzogen durch mei-nen Beruf. Wenn man einen Film dreht, wird eine Szene so lange wiederholt, bis sie perfekt ist. Diese Haltung und diese Einstellung, als Schauspielerin alles perfekt machen zu wollen, hat sich irgendwann auch auf mein Privatleben über-tragen. Ich muss immer Ordnung haben! Aufs Äußere lege ich nach wie vor viel Wert, auch im Alltag ziehe ich mich gut an, schminke mich jeden Tag. Ich bin kein Typ, der sich gehenlässt. Wenn mir etwas nicht steht, dann kommt es weg.

In einem unordentlichen Zimmer kann ich nicht arbeiten. Ich mag es einfach, wenn aufgeräumt ist. Möglicherweise kommt da auch die schweizerische Mentalität durch, aber ich bin eben gerne etwas penibel.

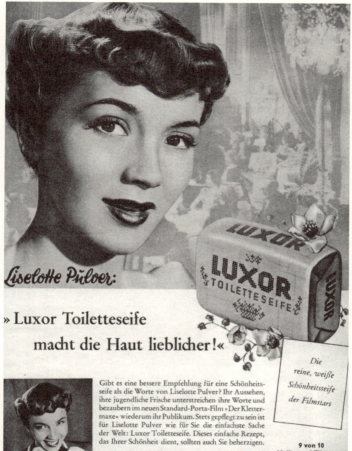

Liselotte Pulver wirbt für Luxor, ca. 1952/53

Ich habe auch einen festen Tagesablauf, meine Routine hier in der Altersresidenz: Wenn ich morgens angezogen bin und gefrühstückt habe, mache ich erst einmal Ordnung, sortiere meine Papiere, beantworte die Post. Irgendetwas ist immer zu regeln. Bis ich damit durch bin und das Zimmermädchen kommt, ist auch schon Zeit fürs Mittagessen. Hier im Heim ist alles auf angenehme Weise geregelt, und ich werde gut versorgt, was mir sehr gelegen kommt. Denn ich selbst bin keine gute Köchin, bin es nie gewesen. Spaghetti oder auch mal ein Steak bekomme ich hin, aber wirklich kochen kann ich nicht. Aber ich habe immer sehr gerne mitgegessen und mich bekochen lassen! Bis 12.15 Uhr muss ich hier also beim Essen sein, danach lege ich mich hin und schlafe bis zwei Uhr.

Sie haben einmal gesagt: »Ich mache es wie die Hunde und die Katzen: Wenn sie nichts zu tun haben, schlafen sie.«

Genauso ist es! Und nachmittags mache ich meine Einkäufe, treffe Verabredungen und – ganz wichtig! – gehe spazieren, laufe durch die Natur, tanke Sauerstoff. Ich kann nicht nur herumsitzen, ich muss immer raus. Die täglichen Spaziergänge machen mir den Kopf frei. Meistens bin ich allein unterwegs – ja, und manchmal beobachte ich junge Kühe auf der Weide und wie sie galoppieren … Das ist mein kleines tägliches Fitnessprogramm. Wie man sich fühlt, ist tagesbedingt, es kommt darauf an, wie ich geschlafen habe und auch, wie viel ich am Tag zu erledigen habe, aber wenn die Arbeit am Nachmittag getan ist und ich spazieren gehen kann, bekomme ich gute Laune.

Was bereitet Ihnen schlechte Laune?

Frühes Aufstehen. Das war schon immer so. Hier in Bern stehe ich zwar auch schon um sieben auf, was früh für mich ist, aber ich muss raus wegen des Frühstücks. Die Essenszeiten richten sich nun einmal nicht nach meinen Schlafgewohnheiten. Früher habe ich am liebsten bis neun geschlafen oder manchmal bis zum Mittag. Als ich noch gearbeitet habe, musste ich in der Regel ganz früh ins Atelier, dort hatte ich zum Glück eine lange Anlaufzeit, bis es mit dem Drehen losging. Man wurde erst in Ruhe geschminkt, irgendwann erschienen die netten Kollegen, und dann kam auch die gute Laune hinzu!

Haben Sie bei aller Disziplin niemals über die Stränge geschlagen?

Natürlich. Und ich kann auch auf den einen oder anderen Alkoholabsturz zurückblicken. Das ist wirklich nicht oft vorgekommen, aber wenn – dann war es schlimm. Alkohol habe ich nämlich noch nie vertragen und war nach ein paar Schluck sofort betrunken, ich wurde müde und wollte ins Bett. Nicht besonders amüsant. Mit meinem ersten Produzenten, F. A. Mainz, hatte ich mich einmal furchtbar gestritten, wir sprachen uns aber aus und haben uns wieder versöhnt. Und die Versöhnung begossen wir mit Sekt. Auf einmal war ich so betrunken, dass ich nicht mehr wusste, was oben und unten ist. Ich hatte das zuerst gar nicht gemerkt, denn es war nur ein Schlückchen Sekt, dann hat Mainz aber ständig nachgegossen, und ich trank und er goss nach … Und da ich keinen Alkohol gewohnt war, hatte der

Sekt verheerende Auswirkungen. Zum Glück musste ich am nächsten Tag nicht früh aus dem Bett zum Drehen. An den Morgen danach und den Kater kann ich mich jedenfalls nicht mehr erinnern. Heutzutage trinke ich praktisch keinen Alkohol mehr, nur bei besonderen Gelegenheiten, zum Beispiel wenn man zum Geburtstag anstößt.

Feiern Sie gerne Ihren Geburtstag?

Eigentlich nicht so sehr. Ab Mittag muss man gestiefelt und gespornt zur Verfügung stehen, aber – und das ist das Schöne an den Geburtstagen – man sieht die Familie.

Älterwerden hat auch
seine schönen Seiten

»Altwerden ist nichts für Feiglinge«, hat Blacky Fuchsberger einmal geschrieben. Ein guter Spruch! Er war ganz sicher alles andere als ein Feigling. Und ich bin es auch nicht, was das Altern angeht.

Kennengelernt habe ich Fuchsberger im Jahr 1956, als wir zusammen ein Fernsehspiel – eines der allerersten überhaupt – drehten, die *Smaragden-Geschichte*, eine launige Gaunerkomödie, Blacky spielte einen Juwelendieb und ich seine Partnerin.

Als wir uns später wiedersahen, war es so, dass er mich auf ziemlich ruppige aber spaßige Art begrüßte: Er warf mich einfach über seine Schulter zu Boden, in etwa so wie beim Judo. Und diese Aktion wurde zu einem kleinen Ritual zwischen uns: Von da an hat er mich, wann immer wir uns trafen, zum Beispiel bei einer Fernsehsendung, so herumgeworfen – selbst wenn ich ein Ballkleid trug. Das war immer ein Riesenlacher für die Zuschauer. Und für Blacky und mich auch! Sogar als wir uns zu meinem 75. Geburtstag bei einer TV-Gala sahen, gab's den Schulterwurf – vielleicht nicht mehr ganz so gelenkig wie früher.

Älterwerden hat in meinen Augen auch seine schönen Seiten. Ich kann heute zum Beispiel das Nichtstun besser genießen als in jungen Jahren. Früher wäre das undenkbar

Liselotte Pulver mit Joachim Fuchsberger in der Talkshow *Heut' abend*, 1983

gewesen, da hatte ich immer gleich ein schlechtes Gewissen, wenn ich einfach mal nichts gemacht habe. Ich musste immer in Aktion sein, immer unterwegs. Arbeiten, Reisen, Veranstaltungen besuchen, Freunde treffen, reiten, sportlich aktiv sein – all so etwas brauche ich heute nicht mehr.

Heute kann ich guten Gewissens tagelang nichts tun – aufstehen, mich fertig machen, essen, spazieren, lesen. Und schon ist ein wunderbarer Tag des Müßiggangs vorbei, ohne dass ich mir Vorwürfe mache, nichts erledigt zu haben.

Es gibt natürlich Dinge im Alter, wie bei jedem anderen auch, die mich beschäftigen, mit denen ich Mühe habe. Aber so lange ich gesund bin, lebe ich einfach von Tag zu Tag. Und bin zufrieden mit dem, was ich heute habe und wie ich momentan lebe. Wenn sich neue Herausforderungen stellen, nehme ich sie an. Aber ich laufe den Dingen nicht mehr hinterher. Zum Beispiel wenn Freunde von früher sich nicht mehr melden, dann akzeptiere ich es und hadere nicht damit. Es wird sich wieder einrenken oder auch nicht.

Das ist der Lauf des Lebens.

Ich bin niemand, der in Erinnerungen schwelgt. Ich lebe im Hier und Jetzt! Ich schaue mir nicht allein in meinem Kämmerlein meine alten Filme an oder wälze sentimental die Fotoalben von früher. Wenn ich zu einer öffentlichen Vorführung eines meiner Filme eingeladen werde, ja, dann gehe ich gerne hin. Wie unlängst, als in einem Basler Kino noch einmal *Zeit zu leben und Zeit zu sterben* gezeigt wurde, die Produktion vom Douglas Sirk von Jahr 1958. Es ist ein Film, den ich mag und den ich mir immer wieder gern ansehe.

Zufrieden bin ich mehrmals am Tag

Glück ist … wenn etwas geglückt ist.

Wie definiert man Glück? Ein Erfolgserlebnis ist meistens ein Glückserlebnis! Was mich heute glücklich macht? Manchmal kann das schon ein gutes Essen sein, wenn ich meine Leibspeise bekomme, einen Pot-au-feu, eine Bouillon mit gekochtem Rindfleisch und Gemüse, oder ein Kaffee und ein gutes Stück Kuchen, oder auch ein Eiskonfekt … So etwas erzeugt bei mir kleine Glücksgefühle. Dazu brauche ich nicht viel. Man muss sich die Gelegenheiten im Alltag suchen, in denen man kleine Erfolgserlebnisse hat, Situationen, die einen zum Lachen bringen, damit schafft man sich Glücksmomente. Lachen kann glücklich machen.

Aber worauf es wirklich ankommt und was ich heutzutage als Glück empfinde: Wenn ich mit jemandem zusammentreffe, den ich lange nicht gesehen habe, zum Beispiel mit alten Freunden, was leider sehr selten ist. Wenn wir dann lange beisammensitzen und darüber reden, was uns heute beschäftigt und was wir früher gemeinsam erlebt haben, dann sind das Momente, die ich sehr genieße und von denen etwas bleibt.

Im Laufe eines Lebens wird man dem Glück gegenüber vielleicht etwas unaufgeregter, man lässt es nicht mehr so auf sich wirken. Und die Gelegenheiten werden seltener.

Ich würde sagen, dass man im Alter eher »zufrieden« ist. Glücklich zu sein ist im Alter ein eher rares Gut. Glück ist ein seltener Begriff und ein vielstrapazierter: Man sagt etwas wie »Jetzt habe ich Glück gehabt« – und meint damit meist Bagatellen …

Zufriedenheit aber ist etwas anderes – und zufrieden bin ich mehrmals am Tag!

Die glücklichste Zeit meines Lebens – das waren die Jahre, als ich meinen Mann kennengelernt hatte und wir verheiratet waren, die ersten Ehejahre und auch später noch. Ja, das war die beste Zeit. Weil ich nicht mehr irgendetwas erkämpfen musste, sondern weil es einfach da war: Das Glück des Zusammenlebens! Das Leben mit meinem Mann!

Mutter zu sein war und ist ein großes, ein erfüllendes Glück. Als ich mit meinem ersten Kind, meinem Sohn Marc-Tell, schwanger war, habe ich gerade Theater gespielt, das Shakespeare-Stück *Wie es euch gefällt*. Damals stand ich auf den Bühne als Bube – mit einem Kind im Bauch. Was schon sehr komisch war. Ich musste ab einem gewissen Zeitpunkt aussteigen und wurde umbesetzt. Aber bis zum sechsten Monat habe ich noch gespielt. Ein schwangerer Bube war ich!

Auch die Schwangerschaft mit Mélisande, wenige Jahre später, verbrachte ich zu einem Teil auf der Bühne: Helmut und ich waren auf großer Theatertournee mit *Der Regenmacher*, 87 Aufführungen in 80 Städten! Ich war im fünften Monat, mein Bauch wurde immer dicker, die Kostüme passten langsam nicht mehr. Nur an einem Tag in der Woche spielten wir nicht. Trotz aller Strapazen war ich traurig, als der letzte Vorhang fiel. Das Tourneeleben hatte die schöne Seite, dass Helmut und ich viel Zeit zusammen unterwegs sein konnten.

Worauf haben Sie bei der Erziehung Ihrer beiden Kinder Wert gelegt?

Vieles davon, wie ich von meinen Eltern erzogen wurde, habe ich später an meinen Sohn und meine Tochter weitergegeben. Das Wesentliche ist eigentlich: Ich habe meine Kinder immer machen lassen. Mein Mann und ich haben versucht, ihnen gewisse Regeln beizubringen, damit sie im Leben gut zurechtkommen und nicht in Schwierigkeiten geraten. Zum Beispiel, dass sie immer ehrlich sind und dass sie nicht lügen oder Ausreden erfinden. Dass sie dazu stehen, wenn sie etwas angestellt oder falsch gemacht haben und sich nicht herausreden. Der Rest hat sich ergeben. Ich habe keine Erziehungsratgeber lesen müssen. Nein, wir haben unseren Kindern viele Freiheiten gelassen. Dass Pünktlichkeit und Höflichkeit wichtig sind, habe ich schon mehrfach erwähnt, aber das wussten meine Kinder von selbst.

Wir hatten später zu Hause eine sehr gute Kinderfrau, die schon bei einer meiner Tanten angestellt gewesen war; sie lebte lange bei uns und sorgte für Tell und Mélisande, wenn mein Mann und ich zum Drehen oder Theaterspielen fortmussten. An die Filmsets mitgenommen haben wir unsere Kinder nie. Arbeit und Familienleben haben wir klar getrennt. Ich habe wunderschöne Erinnerungen an unsere gemeinsamen Ferien, wenn wir mit der ganzen Familie unterwegs waren. Dann packten wir alles ins Auto – und los ging's. Zuerst zu dritt und später zu viert, als auch unsere Tochter auf der Welt war. Oft verbrachten wir den ganzen Sommer bei einem Freund von Helmut am Tegernsee. Es musste immer am Wasser sein – Wasser war zentral für uns alle!

Mein Sohn ist von klein auf ein echter Sportstyp gewesen: Er segelt, er fährt Wasserski, er surft. Und er ist Schiffbauingenieur geworden, hat also eine ganz andere Richtung als mein Mann und ich eingeschlagen. Im Beruflichen kommt er nach meinem Vater, der ja auch Ingenieur war. In unserer Familie gibt es zwei Richtungen: Ingenieure und Künstler. Wobei mein Bruder Buebi beides verband, wie schon mein Vater, denn er hat sehr gut gemalt und viel geschrieben.

Hat Ihr Sohn einen Lilo-Pulver-Lieblingsfilm?

Ich glaube nicht, denn er ist eigentlich kein Film-Fan. Er hat sich meine Filme angesehen, aber es ist nicht so, dass er zu Hause eine Sammlung von Liselotte-Pulver- und Helmut-Schmid-Filmen im Regal stehen hat.

MARC-TELL SCHMID

Sohn von Liselotte Pulver und Helmut Schmid

Von allen Filmen meiner Mutter würde ich Kohlhiesels Töchter *als denjenigen benennen, der mir der liebste ist. Weil er meine Mutter am ehesten so zeigt, wie ich sie sehe, so wie ich sie sehr gerne sehe. Die Liesel und die Susi sind die beiden Gesichter meiner Mutter. Sie nimmt sich manchmal nicht so ernst und spielt gern den Clown. Sie kann sich*

Liselotte Pulver und Familie, ca. 1986

über Kleinigkeiten kaputtlachen. Im Alltag kleidet sie sich einfach und schminkt sich nur wenig, aber wenn sie auftritt, erkennt man sie kaum wieder. Und wenn sie öffentlich ist, verstellt sie sich nicht. Wahrscheinlich liegt genau darin das Geheimnis ihrer enormen Popularität: Ihre Natürlichkeit und ihr Humor sind echt und nicht aufgesetzt oder gespielt. Die Menschen spüren das!

In der Westschweiz, wo wir gelebt haben und wo ich aufgewachsen bin, sind die Leute sehr diskret. Viele kannten meine Mutter als Schauspielerin gar nicht, weil sie doch eher in der deutschen Schweiz und in Deutschland bekannt war. Und wenn sie es wussten, behandelten sie meine Eltern wie normale Mitbürger. Als Kind habe ich also nicht realisiert, dass meine Eltern berühmt waren. Nur dass sie oft abwesend waren, weil sie drehten, war etwas, das anders war als bei meinen Freunden und Mitschülern. Es gab ein schönes Ritual, an das ich mich gerne erinnere: das Abholen vom oder Fahren zum Flughafen. Wir haben dann meist von der Zuschauerplattform die Flugzeuge beobachtet, und bei Rückkehr gab es jedes Mal ein festliches Abendessen zu Hause und viele neue, spannende Geschichten für uns Kinder.

Erst später, als ich in Deutschland lebte, ist mir richtig bewusst geworden, welchen Stellenwert, welche Prominenz meine Mutter hatte. Da wurde ich angesprochen und gefragt – wie ist sie denn so, wie lebt sie, was macht sie und so weiter. Und es interessieren sich plötzlich Leute für einen, die ansonsten wohl kein Interesse gezeigt hätten. Das war nicht schlimm, konnte aber schon manchmal nerven.

An erster Stelle kamen, wenn es um die Werte geht, die meine Eltern uns Kindern vermittelt haben, Ehrlichkeit und Aufrichtigkeit. Das Schlimmste war zu lügen! Alles andere war einfacher aus der Welt zu schaffen! Aber Lügen wurden bestraft, während sonst nur gut zugeredet wurde. Geschlagen wurde natürlich sowieso nicht, das war ein absolutes Tabu. Aber wenn man gelogen hatte, wurde es laut, und es blieb auch nicht bei einer Moralpredigt. Zum Beispiel besaß ich als Junge eine elektrische Eisenbahn, die wir zu Weihnachten im Keller aufbauten und mit der ich spielen durfte. Weil ich noch klein war, durfte ich den Strom nicht selbst einstecken und musste jedes Mal einen Erwachsenen darum bitten. Einmal, früh am Morgen, war ich so ungeduldig, meine Eltern schliefen noch, dass ich den Strom trotz des Verbots einfach selbst anschloss. Ein Nachbarsmädchen, mit dem ich manchmal spielte, kam noch dazu. Und als meine Eltern aufgestanden sind, fragten sie als Erstes, ob ich es war, der den Strom angeschaltet habe. Nein, habe ich geflunkert, das Mädchen von nebenan war's! Aber die hat mich natürlich verpfiffen. Ich war als Lügner entlarvt – schwupp kam die Eisenbahn weg, ohne Wenn und Aber, da gab es kein Pardon.

Als ich älter wurde, in meiner Jugend, war ich keiner von denen, die gegen die Eltern rebellierten, ich habe mich schon immer sehr auf meine Ziele konzentriert. Der beste Ausgleich war für mich der Sport, hauptsächlich Wassersport, unsere ganze Familie hat es immer ans Wasser gezogen. Mich auch beruflich!

Meine Eltern haben mich schon früh gewarnt, halb im Scherz, halb im Ernst: »Mach alles, was du willst im Leben,

*nur nicht Schauspielerei!« Vater und Mutter nachzueifern,
in ihre Fußstapfen zu treten, wie es so schön heißt, hatte
ich sowieso niemals vor, ich war ja eher technisch orientiert.
Ich habe das Elternhaus früh verlassen, mit neunzehn. Nach
der Schule bin ich zunächst nach Deutschland zur Bundesmarine gegangen, für vier Jahre, stationiert in Flensburg,
Kiel und Wilhelmshaven. Danach fuhr ich als Matrose zur
See, bei der Christlichen Seefahrt, wieder für vier Jahre. Um
den Schiffsmechanikerbrief zu machen, kam ich nach Hamburg, wo ich meine Frau Kerstin, eine gebürtige Hannove-
ranerin, kennenlernte. In dieser Zeit drehte meine Mutter
in Hamburg die Sesamstraße. Ich besuchte sie oft im Hotel
Atlantic. Das war immer ihr Zuhause in Hamburg. Wenn sie
nicht drehen musste, hielt sie sich am liebsten im oder ums
Hotel auf. Es ist wahr, dass meine Mutter ein ganz besonderes Verhältnis zu Hamburg hat. Ihr liegen die norddeutsche
Art und der trockene Humor der Menschen. Unvergessen ist
mir eine Antwort auf eine Frage von Fuchsberger, in dessen
Talkshow meine Mutter zu Gast war: Auf welcher Einheit
der Bundesmarine ihr Sohn denn seinen Dienst versehe,
wollte Fuchsberger wissen. Darauf meine Mutter: »Auf
einem Marinesuchboot ...!« Das war natürlich ein Lacher.
So was gab's nicht – ich war auf einem Minensuchboot stationiert.*

*Später, von 1989 bis 1993, habe ich in Hamburg Schiffbau
studiert, heute arbeite ich in der Schweiz als Inspektor für
eine Schweizer Reederei; wir haben Schiffe unter Schweizer
Flagge, und ich trage Sorge dafür, dass die Schiffe einsatz-
bereit sind ...*

Im vergangenen Jahr sind meine Frau, mein Sohn und ich in das Haus meiner Eltern, das Haus meiner Kindheit, am Genfer See eingezogen. Damit ist für mich ein Traum in Erfüllung gegangen. Durch meinen Job bin ich in der ganzen Welt herumgekommen und hätte mich mit meiner Familie überall problemlos niederlassen können. Aber wieder in das Haus einzuziehen, in dem man aufgewachsen ist, und dazu noch in einer so schönen Umgebung – was kann es Schöneres geben?! Es ist natürlich eine große Herausforderung, auch finanziell, aber das werden wir schon schaffen. Kerstin und ich haben versucht, einen guten Kompromiss zu finden zwischen unseren Einrichtungsvorstellungen und Möbeln sowie den Gegenständen, die noch von meinen Eltern im Haus sind. Es gibt einen »Weinkeller«, in dem mein Vater früher seine Spieleabende mit Freunden veranstaltete, dessen Wände sind komplett mit Filmplakaten meiner Eltern geschmückt. Der Weinkeller wird so bleiben, wie er ist. Überall im Haus verstreut bleiben auch Möbelstücke und Objekte, die an meine Eltern erinnern sollen. Beim Renovieren und Ausmisten finden wir jetzt immer wieder alte Bilder und Dokumente, die wir noch sortieren müssen.

Meine Mutter versucht, ihre Aufenthalte bei uns in Perroy so einzurichten, dass sie immer ihre Garderobe von Sommer auf Winter oder umgekehrt umrüstet. Wenn sie reist, dann immer noch mit sehr viel Gepäck – eine Angewohnheit von früher. Da ist sie ganz der Filmstar!

Würden Sie sich wünschen, dass Ihre Mutter noch einmal einen Film dreht?

Wünschen schon, aber ich glaube nicht, dass sie es tun wird. Aufgrund ihres Alters wäre die Anstrengung zu groß. Und was sie macht, möchte sie gut machen und dabei gut aussehen. Sie hat auch lange nicht mehr gedreht. Meine Mutter hat auf der einen Seite immer unheimlich viel gearbeitet, auf der anderen Seite war sie aber auch immer sehr zögernd und vorsichtig, bevor sie eine Rolle annahm. Oftmals erst nach vielem Zureden und Insistieren. Sie hatte immer Mühe, sich zu etwas zu entschließen. Man musste kräftig nachhelfen. Früher war es mein Vater, der dafür zuständig war, später mein Onkel und meine Tante, sie hatten Einfluss auf meine Mutter. Ich selbst habe mich da lieber herausgehalten, weil ich mich mit dieser Branche nicht auskannte.

Liselotte Pulver mit Tochter Mélisande, 1970

Mélisande

*Ihre Tochter Mélisande starb 1989 im Alter von nur einund-
zwanzig Jahren unter bis heute ungeklärten Umständen bei einem Sturz vom Berner Münster. Möchten Sie, dass Ihre Tochter in unserem Buch vorkommt?*

Ja, unbedingt! Meine Tochter gehört zu meinem Leben. Sie
war zwanzig Jahre lang ein Mittelpunkt der Familie. Sie war
einfach perfekt. Sie war so wunderschön. Und so intelligent.

Sie wollte erst einmal die Schule fertig machen und hatte
danach so viele Pläne für ihr Leben. Wir hatten alle die größten Hoffnungen, dass sie es schafft. Sie wäre gerne Schauspielerin geworden, aber dafür braucht es so viel Willen und
Durchhaltevermögen und Kraft. Man muss Beziehungen
und den Umgang mit anderen Schauspielern und Regisseuren und all denen, die einen unterstützen, aufbauen und
pflegen. Das ist fast eine Wissenschaft. Das hat sie vielleicht
etwas überfordert, aber es ist schwer zu sagen im Nachhinein.

Sie ist sehr früh zu Hause ausgezogen. Tell war auch bereits fort zum Studium. Und ich hatte keinen Einfluss mehr
auf sie. Aber es gab viele schöne Momente, lustige Momente
mit Mélisande. Sie hatte viel Humor. Das sind die Momente,
an die ich heute gerne denke.

Wenn Sie mich fragen, was damals passiert ist, kann ich Ihnen darauf keine Antwort geben. Mélisande hat zu jener Zeit nicht mehr zu Hause gewohnt, sondern bei einer Tante von mir.

Es sind alles nur Vermutungen ... Man weiß gar nicht, wie es passiert ist. Man hat sie damals gefunden, und es wird immer unklar bleiben, was wirklich geschehen ist. Deswegen kann man auch nicht sagen, dass sie nicht mehr weiterwusste.

Sie war uns einfach entwachsen. Wenn Kinder ihren Eltern entwachsen, dann können die einfach nichts mehr erreichen mit guten Ratschlägen. Und wenn man sich zu sehr kümmert, dann geht das auch nicht gut. Sie wollte ihren eigenen Weg gehen und finden. Und das war dann nicht der Fall. Sie hat den Weg nicht gefunden ...

Uns als Familie hat ihr Tod zusammengeschweißt. Wir mussten zusammenhalten und uns gegenseitig stützen. Es wurde dann eine ganz enge Beziehung zwischen uns dreien – Helmut, Tell und mir.

Es war und ist ein glückliches Leben …

Als dann nur drei Jahre später, 1992, mein Mann starb, war das ein Absturz. Ich kann nur sagen, dass die Zeit den Schmerz ein wenig abschwächt, aber er ist nie ganz weg. Es ist nie vorbei. Außer man lernt jemand Neues kennen. Ich hätte es wahrscheinlich versucht, mich noch einmal neu zu verlieben, ja, ich habe es auch versucht, aber es hat nicht funktioniert. Es kommt bei allem Schmerz irgendwann eine Zeit – wenn man zum Beispiel abgelenkt ist durch die Arbeit –, dann lernt man auch neue Menschen kennen. Man versucht es noch einmal, sich neu zu verlieben. Nach langer Zeit, nach zehn oder sogar zwanzig Jahren versucht man, ob es wieder gehen würde. Aber für mich war es so: Es ging einfach nicht mehr.

Die leisen Anfänge einer Beziehung hat es gegeben, man hat etwas geflirtet, ist miteinander ausgegangen, aber eine richtige Beziehung ist nie mehr zustande gekommen. Was Helmut und mich verband – das war eine zu große Beziehung und sie hat zu lange gedauert, als dass eine neue Liebe dagegen hätte bestehen können. Man hätte auch immer verglichen, wie es früher gewesen ist …

*Wenn zwei geliebte Menschen so kurz nacheinander sterben –
wie haben Sie es geschafft, sich nicht aufzugeben?*

Es hilft ja nichts, man muss weiterleben! Man muss sich wieder einen Alltag schaffen. Man hat diese Belastung – und man muss trotzdem weitermachen. Und die ganze Zeit fühlt es sich an, als ob man ein schweres Gepäck mit sich herumschleift. Diese Empfindung vergeht nicht.

Manchmal hatte ich schon das Gefühl: Ich bin eigentlich ganz allein … Es gibt Zeiten, in denen ich mich frage, warum das so sein muss. Natürlich habe ich Tage, an denen ich nicht lache. Denn ich bin ja hier oft allein, und ich sitze nicht herum und lache so vor mich hin. Aber dann schaue ich auch wieder nach vorne und habe genug zu tun, um nicht immer darüber nachzudenken, zu grübeln.

In Krisenzeiten waren es meine Geschwister, von denen ich sehr viel Hilfe erfahren habe. Wir haben viel miteinander geredet. Corinne und Buebi waren immer da für mich, und ich für sie. Sie sind meine besten Freunde. Umso schwerer wiegt der Verlust meines Bruders. Er war ein großer Witzbold, machte immer Bemerkungen, über die man nachdenken musste, um dann festzustellen, dass er einen Witz gemacht hatte. Er war ein irrsinnig origineller Typ. Und er schaffte es immer, mich aufzuheitern.

Welche Gedanken machen Sie sich über den Tod und das Danach?

Ich denke darüber nicht nach, weil mir ein Leben nach dem Tod fast unmöglich erscheint. Und trotzdem hoffe ich es. Wie es so viele Menschen tun. Ich hoffe, dass ich mich irre und dass man einander wirklich wiedersieht. Aber vom Verstand her kann ich es mir leider nicht vorstellen.

Bei allen Rückschlägen im Leben kann ich doch eines sagen: Es war und ist ein glückliches, ein gelungenes Leben. Ich habe fast alles erreicht, was ich erreichen wollte. Beruflich wollte ich immer die Nummer eins sein. Das ist mir einige Zeit lang gelungen. Privat wollte ich mein Glück finden. Und auch das ist mir gelungen. Meine Kinder haben mir immer alles bedeutet, meinen Mann habe ich sehr geliebt. Ich habe eine glückliche Ehe geführt über viele Jahre. Mein Mann ist gestorben, meine Tochter ist gestorben. Aber ich bin unsagbar glücklich und dankbar, dass ich meinen Sohn Tell habe, meine Schwiegertochter Kerstin, meinen Enkel Pascal, meine Schwester Corinne. Und dass wir uns so gut verstehen. Meine Familie bedeutet mir alles.

Aus der Patsche helfen

Als Schauspieler lernt man im Laufe der Jahre viele Menschen kennen, schließt Bekanntschaften mit Kollegen aus dem Team und den Filmpartnern. Später trifft man sich noch ein paarmal, aber meistens schlafen diese Bekanntschaften irgendwann ein. Man macht viele Bekanntschaften im Leben, aber man schließt nur wenige Freundschaften.

Ganz früher hatte ich zwei sehr gute Freunde, die mich sogar heiraten wollten – aber ich wollte nicht! Der eine war Pilot, der für die Swiss Air flog. Der andere ein Geschäftsmann, der mich immer überallhin begleitet hat. Diese beiden sind leider schon gestorben. Wie auch andere meiner Freunde nicht mehr am Leben sind. So ist das, wenn man alt wird. Es wird im Alter schwerer, neue Freundschaften zu knüpfen. Was eine Freundschaft im Kern ausmacht? Sie wächst über die Jahre. Irgendwann sind auch Freundschaften einfach auseinandergegangen, weil man sich nicht mehr treffen konnte. Weil der Kontakt altersbedingt nachließ.

Ich kann mit Männern wie mit Frauen gleichermaßen gut befreundet sein, das Geschlecht macht keinen Unterschied. Meine langjährige Agentin Ilse Alexander, die schon lange tot ist, war eine treue Freundin, das Gleiche kann ich über ihre Nachfolgerin, Carla Rehm, sagen. Von meiner Freundschaft zu Hans-Dietrich Genscher habe ich schon erzählt.

Lange Jahre hatte ich engen Kontakt mit den Bernadottes von der Insel Mainau, Lennart und Sonja. Mitte der neunziger Jahre war ich nach Mainau eingeladen und lernte die beiden kennen. Daraus entstand eine sehr innige Freundschaft.

Echte Freunde kann ich heute an einer Hand abzählen. Vier bis fünf sind es, höchstens. Was für mich wahre Freundschaft ausmacht: sich aus der Patsche helfen. Wer hilft einem aus der Patsche, wenn es darauf ankommt? Dann nämlich trennt sich die Spreu vom Weizen. Die meisten der angeblichen Freunde sind plötzlich nicht mehr da, wenn Probleme auftreten, wenn es nicht gut läuft im Leben. Meine wirklichen Freunde haben mir, wenn es nottat, geholfen. Sie nahmen mich immer ernst und haben nicht nur gelacht über das, was ich gesagt oder getan habe. Wenn ich sie brauchte, konnte ich auf ihre Hilfe zählen. Und umgekehrt galt und gilt das natürlich genauso.

Einen echten Freundschaftsdienst hat mir mein erster Filmproduzent F. A. Mainz erwiesen. Dafür bin ich ihm heute noch dankbar. Damals hatte ich die große Dummheit begangen, zwei Verträge gleichzeitig abzuschließen, die sich nicht vereinbaren ließen. F. A. Mainz hat mich trotz meines Fehlers nicht fallenlassen, sondern wieder aufgenommen und weiter mit mir gearbeitet. Ohne diesen Freundschaftsbeweis wäre meine Filmkarriere zu Ende gewesen, bevor sie richtig starten konnte. Wenn er mir nicht geholfen hätte, dann hätte ich wahrscheinlich nie wieder einen Film gedreht. Das war wirklich eine Patsche. »Papa Mainz« war ein echter Freund.

Liselotte Pulver, Thomas Heinze und Veronica Ferres bei der Premiere von *Das Superweib*, 1996

Superweiber: Die letzte Kinorolle

Das Superweib war meine letzte Kinorolle – das war 1996. Ist also auch schon ein paar Jährchen her. Es war die Verfilmung des gleichnamigen Megabestsellers von Hera Lind, der zwei Jahre zuvor erschienen war. Eine Beziehungskomödie, im Mittelpunkt eine frustrierte Hausfrau, die sich zu einem Superweib mausert. Franziska wird von ihrem Ehemann, einem Regisseur, nach Strich und Faden betrogen. Ihr Anwalt Enno leitet durch einen Irrtum die Scheidung ein, und nun muss Franziska die Geschichte ihrer Ehe niederschreiben. Das Manuskript gerät in die Hände von Alma, der Mutter des Anwalts, sie gibt es an einen Verleger weiter. Franziskas Aufzeichnungen werden zu einem Riesenbestseller. Und ausgerechnet Franziskas untreuer Ehemann will jetzt das Leben seiner Frau verfilmen.

Mein letzter Film lag schon ein paar Jahre zurück, als ich das Angebot bekam, im *Superweib* mitzuspielen, nur eine Nebenrolle, die der Alma, Joachim Króls temperamentvoller Mutter.

Man sucht sich immer Filme aus, die die besten Erfolgsaussichten und das größte Echo haben könnten. Und die Aussichten beim *Superweib* waren hervorragend. Sönke Wortmann führte Regie, vorher hatte er *Der bewegte Mann* gedreht. Die Besetzung war die Crème de la Crème der aktuellen Schauspielgarde mit Joachim Król, Thomas Heinze, Richy Müller, Esther Schweins – und allen voran Veronica Ferres. Und mit der Ferres an Bord konnte ja kaum etwas schiefgehen.

Dennoch war ich zuerst unentschlossen und wollte die Rolle ablehnen, weil es nur eine Nebenrolle für mich war mit wenigen Drehtagen. Es war das ewige Spiel: Soll ich, soll ich nicht? Aber dann bekam ich Unterstützung aus der Familie. Meine Schwiegertochter Kerstin war es, die mich davon überzeugte, dem *Superweib* keine Abfuhr zu erteilen. Wir saßen bei einem Weihnachtsessen zusammen, als Kerstin mir erzählte, dass sie gerade das Buch von Hera Lind gelesen habe und was für eine tolle Geschichte das sei.

»Du musst die Rolle annehmen«, sagte sie zu mir. Und mehr brauchte es nicht, um mich zu überzeugen.

MARC-TELL SCHMID

Ich weiß noch ganz genau, wie schwer meine Mutter sich tat, als sie im Superweib *mitspielen sollte, und kann mich noch sehr gut an das Gespräch zu Weihnachten erinnern. Nach Bescherung und Weihnachtsessen saßen meine Frau und meine Mutter zusammen. Kerstin fand die richtigen Argumente – und meine Mutter war in Feierlaune. Der Enthusiasmus meiner Frau für das Buch und ihre Vorstellung, dass ihre Schwiegermutter in dem Film mitspielen kann, hat meine Mutter dann vollends überzeugt.*

Anfangs war ich unsicher, ob ich mich dem Rhythmus, wie mittlerweile gearbeitet wurde, würde anpassen können, denn es war alles sehr viel schneller geworden. Aber es hat gut geklappt. Mit Veronica Ferres zu drehen war sehr schön, sie war schon sehr populär, hatte bereits einige hervorragende Filme gedreht, darunter *Schtonk!*, aber sie war noch nicht so berühmt wie heute.

Ich sagte damals zu ihr, dass nur sie das Superweib spielen könne, die Rolle war ihr auf den Leib geschrieben, und dass ich sicher sei, sie würde eine Riesenkarriere machen. Und das hat sie dann auch! In meinen Augen ist die Vroni immer noch ein echtes Superweib. Sie ist nicht nur schön, sondern auch sehr begabt.

Sie sind doch auch ein Superweib, Lilo!

Ich? Nein, auf keinen Fall! Ich sehe ja nicht aus wie ein Superweib. Ein Superweib muss ein Brummer sein.

VERONICA FERRES

Schauspielerin, spielte mit Lilo Pulver in der Kinokomödie *Das Superweib*

Als ich Mitte der neunziger Jahre Das Superweib *unter der Regie von Sönke Wortmann gedreht habe, stand ich mehr oder weniger noch am Anfang meiner Karriere – und mit Lilo Pulver drehen zu dürfen, war damals wirklich etwas ganz Besonderes für mich. Lilo hat mich sehr inspiriert. Ich*

erlebte sie als eine sehr lebensfrohe und charmante Dame.
Die Dreharbeiten waren unheimlich witzig!

Lilos Lachen ist bezaubernd und wahnsinnig ansteckend!
Wir haben viel gelacht. Sie hat für eine entspannte und hei-
tere Stimmung am Set gesorgt. Das war ihr ganz persönlich
auch wichtig. Und diese Einstellung ist etwas, was ich mir
definitiv von ihr abgeschaut und bis heute beibehalten habe.
Denn: Schlechte Stimmung am Set ist unfassbar nervig, und
sie ist vor allem auch sehr unproduktiv.
Bevor ich Lilo Pulver persönlich traf, kannte ich natürlich
ihre Filme. Am meisten beeindruckt hat mich Ich denke
oft an Piroschka, eine zauberhafte Liebesgeschichte; be-
sonders gefallen hat mir auch ihre Darstellung in der US-
Produktion A Global Affair. Für diese hat sie 1964 ver-
dientermaßen auch eine Golden-Globe-Nominierung in der
Kategorie »Best Performance by an Actress in a Supporting
Role« erhalten. Künstlerisch und schauspielerisch ist Lilo
Pulver für mich immer ein Vorbild gewesen. Außerdem ge-
hört sie in meinen Augen zu den großen Diven. Durch ihre
lebensbejahende Art hebt sie sich dabei von anderen Per-
sönlichkeiten ab: Weil es ihr gelungen ist, mit ihrem Lachen
und ihrer positiven Ausstrahlung generationsübergreifend
die Menschen zu verzaubern. Es tut einfach gut, Lilo Pul-
ver zu treffen! Im Laufe meiner bisherigen Karriere bin ich
vielen Menschen begegnet, darunter waren nur wenige, die
eine solche Ausstrahlung haben wie Lilo, und die es schaffen,
Zuversicht zu vermitteln. Das ist schon etwas sehr Einzig-
artiges.
Es ist leider schon einige Zeit her, dass ich mit Lilo Pulver

gesprochen habe, aber wenn ich sie jetzt träfe, würde ich von ihr wissen wollen, wie sie es geschafft hat, ihre Fröhlichkeit und ihren Optimismus beizubehalten. Und was das Geheimnis ihrer Jugendlichkeit ist.

Alles dreimal ... und bloß keine 13!

Abergläubisch bin ich zutiefst. Immer gewesen. Leider. Mein Hang zum Aberglauben offenbart sich in vielen kleinen Details, eigentlich in allen Dingen, egal, was ich unternehme. Es fängt damit an, dass ich nur ganz bestimmte Kleider bei bestimmten Gelegenheiten anziehen kann. Wenn ich etwas Wichtiges zu erledigen habe, dann darf ich dieses oder jenes Kleid auf keinen Fall anziehen. Das würde Unglück bringen.

Oder ich mache alles dreimal: zurück ins Zimmer gehen, um zu kontrollieren, ob ich auch wirklich alles mitgenommen habe, was ich brauche. Das bringt Glück.

Die 13 ist eine ganz schlimme Zahl. Die umschiffe ich eisern. Ich rechne sogar aus, ob die Quersumme einer Zahl eine 13 ist. Wenn ja, dann ist das ein schlechtes Omen. Ich würde in einem Hotel kein Zimmer mit der Nummer 13 bewohnen, auf keiner 13. Etage sein wollen oder im Theatersaal mich auf den Platz Nummer 13 setzen. An einem 13. im Monat vermeide ich größere Aktivitäten. Ich habe auch nie einen Vertrag an einem 13. abgeschlossen. Damit bin ich bislang gut gefahren.

Und natürlich habe ich einen Talisman: Das ist mein Ehering, den trage ich immer und lege ihn niemals ab. Innen ist das Datum unserer Hochzeit eingraviert. Der Ring beschützt mich, und Helmut ist auch immer bei mir.

Ob es Zufälle gibt oder nicht? Oder ob doch alles letztlich Bestimmung ist? Diese Frage treibt mich schon mein Leben lang um. Abschließend beantworten kann ich sie natürlich nicht. So oft aber habe ich erlebt, dass Dinge geschahen, die sich nicht erklären lassen, Sachen gingen verloren und kamen auf völlig verrückten Wegen zu mir zurück.

Ich glaube, dass man Zufälle herbeiführen kann, wenn man sich etwas ganz intensiv wünscht, daran denkt und glaubt, dann wird es manchmal Wirklichkeit.

Wann sollen wir uns denn das nächste Mal treffen, liebe Lilo? Wie wäre es am nächsten Montag? Zur gleichen Zeit?

NEIN! Auf gar keinen Fall!!!

Wie bitte?

Na, das ist der 13. *(lacht)* Aber kommen Sie doch am 14. wieder. Dann bin ich pünktlich für Sie da. Und es gibt auch Eiskonfekt!

Und so verabschieden wir uns von Lilo Pulver – wie immer – mit insgesamt 18 Küssen links und rechts auf die Wangen! Denn dreimal ist es Schweizer Sitte – und noch dreimal bringt schließlich Glück!

Filmographie

1949

Swiss Tour (Ein Seemann ist kein Schneemann)
Regie: Leopold Lindtberg
Mit Cornel Wilde, Simone Signoret, Leopold Biberti

Föhn
Regie: Rolf Hansen
Mit Hans Albers, Adrian Hoven

Heidelberger Romanze
Regie: Paul Verhoeven
Mit O. W. Fischer, Gunnar Möller

Klettermaxe
Regie: Kurt Hoffmann
Mit Albert Lieven, Charlott Daudert

Fritz und Friederike
Regie: Geza von Bolvary
Mit Albert Lieven, Margarete Haagen

Hab' Sonne im Herzen
Regie: Erich Waschneck
Mit Carl Wery, Otto Gebühr

Von Liebe reden wir später
Regie: Karl Anton
Mit Gustav Fröhlich, Willy Fritsch, Paul Hörbiger,
Edith Hancke

Das Nachtgespenst
Regie: Carl Boese
Mit Hans Reiser, Paul Verhoeven

Ich und Du
Regie: Alfred Weidenmann
Mit Hardy Krüger

1954

Männer im gefährlichen Alter
Regie: Carl-Heinz Schroth
Mit Hans Söhnker

Schule für Eheglück
Regie: Toni Schelkopf
Mit Paul Hubschmid

Uli der Knecht
Regie: Franz Schnyder
Mit Hannes Schmidhauser

Der letzte Sommer
Regie: Harald Braun
Mit Hardy Krüger, Brigitte Horney, Nadja Tiller

Griff nach den Sternen
Regie: Carl-Heinz Schroth
Mit Erik Schumann, Gustav Knuth, Ilse Werner

Hanussen
Regie: O. W. Fischer
Mit O. W. Fischer, Klaus Kinski, Siegfried Lowitz

Uli der Pächter
Regie: Franz Schnyder
Mit Hannes Schmidbauer

Ich denke oft an Piroschka
Regie: Kurt Hoffmann
Mit Gunnar Möller, Gustav Knuth

Heute heiratet mein Mann
Regie: Kurt Hoffmann
Mit Johannes Heesters, Paul Hubschmid, Ingrid van Bergen

Arsène Lupin, der Millionendieb (Les Aventures d'Arsène Lupin)
Regie: Jacques Becker
Mit Robert Lamoureux, O. E. Hasse

Die Zürcher Verlobung
Regie: Helmut Käutner
Mit Paul Hubschmid, Bernhard Wicki, Maria Sebaldt, Sonja Ziemann

Bekenntnisse des Hochstaplers Felix Krull
Regie: Kurt Hoffmann
Mit Horst Buchholz, Ingrid Andree, Paul Dahlke, Heidi Brühl

Das Wirtshaus im Spessart
Regie: Kurt Hoffmann
Mit Carlos Thompson

Zeit zu leben und Zeit zu sterben (A Time to Love and a Time to Die)
Regie: Douglas Sirk
Mit John Gavin, Barbara Rütting, Dieter Borsche

Helden
Regie: Franz Peter Wirth
Mit O. W. Fischer, Ellen Schwiers

Das Spiel war sein Fluch (Le Joueur)
Regie: Claude Autant-Lara
Mit Gérard Philipe, Françoise Rosay

Das schöne Abenteuer
Regie: Kurt Hoffmann
Mit Robert Graf, Bruni Löbel

Buddenbrooks (2 Teile)
Regie: Alfred Weidenmann
Mit Hansjörg Felmy, Nadja Tiller, Lil Dagover, Horst Janson

Das Glas Wasser
Regie: Helmut Käutner
Mit Gustaf Gründgens, Hilde Krahl, Horst Janson

Das Spukschloss im Spessart
Regie: Kurt Hoffmann
Mit Georg Thomalla, Hanne Wieder

Gustav Adolfs Page
Regie: Rolf Hansen
Mit Curd Jürgens, Helmut Schmid, Ellen Schwiers

Eins, zwei, drei (One, Two, Three)
Regie: Billy Wilder
Mit James Cagney, Horst Buchholz, Hanns Lothar

Der junge General (La Fayette)
Regie: Jean Dréville
Mit Michel Le Royer, Orson Welles, Vittorio de Sica

Das Haus der Sünde (Maléfices)
Regie: Henri Decoin
Mit Juliette Gréco, Jean-Marc Bory

Kohlhiesels Töchter
Regie: Axel von Ambesser
Mit Helmut Schmid, Dietmar Schönherr

1963

Frühstück im Doppelbett
Regie: Axel von Ambesser
Mit O. W. Fischer, Lex Barker, Edith Hancke

Ein fast anständiges Mädchen (Una chica casi formal)
Regie: Ladislao Vajda
Mit Martin Held

1964

Staatsaffären (A Global Affair)
Regie: Hall Bartlett
Mit Bob Hope

Monsieur
Regie: Jean-Paul Le Chanois
Mit Jean Gabin, Michelle Darc, Philippe Noiret

1965

Dr. med. Hiob Prätorius
Regie: Kurz Hoffmann
Mit Heinz Rühmann, Werner Hinz

Pulverfass und Diamanten (Le Gentleman de Cocody)
Regie: Christian-Jaque
Mit Jean Marais, Jacques Morel

Die Nonne (Suzanne Simonin, la Religieuse de Denis Diderot)
Regie: Jacques Rivette
Mit Anna Karina, Francine Bergé

Hokuspokus oder: Wie lasse ich meinen Mann verschwinden …?
Regie: Kurt Hoffmann
Mit Heinz Rühmann

Blüten, Gauner und die Nacht von Nizza (Le Jardinier d'Argenteuil)
Regie: Jean-Paul Le Chanois
Mit Jean Gabin, Curd Jürgens

Herrliche Zeiten im Spessart
Regie: Kurt Hoffmann
Mit Harald Leipnitz, Willy Millowitsch

This Is Your Captain Speaking – Werbefilm / Schweiz
Mit Paul Hubschmid

Die Hochzeitsreise
Regie: Ralf Gregan
Mit Dieter Hallervorden, Eva Stromberg

Das fünfblättrige Kleeblatt (Le trefle à cinq feuilles)
Regie: Edmond Frees
Mit Philippe Noiret

Monika und die Sechzehnjährigen
Regie: Charly Steinberger
Mit Maria Zürer, Klausjürgen Wussow

Brot und Steine
Regie: Mark Rissi
Mit Beatrice Kessler, Walo Lüönd

Sesamstraße
Mit Henning Venske, Uwe Friedrichsen, Manfred Krug

Das Superweib
Regie: Sönke Wortmann
Mit Veronica Ferres, Til Schweiger, Joachim Król

Nachweise

BILDNACHWEISE

Sämtliche Fotos entstammen dem Archiv Liselotte Pulver, Abdruck mit freundlicher Genehmigung des Deutschen Filminstituts, Frankfurt am Main, außer:

Seiten 56, 132	Schneider Press GmbH, München
Seiten 83, 120, 168, 206, 238	Hipp Foto/Lothar Winkler, Berlin
Seiten 25, 244	Scope Lausanne, Yves Debraine
Seite 214	Mario Mad, Berlin
Seite 150	awg Druck und Verlag, Grünwald

Die Rechteinhaber einiger Abbildungen konnten trotz intensiver Recherche nicht ermittelt werden. Der Verlag bittet Personen oder Institutionen, welche die Rechte an diesen Abbildungen haben, sich zwecks angemessener Vergütung zu melden.

ZITATE

BZ Berner Zeitung, 1949	– S. 51
Stern, 1974	– S. 157
Frankenpost, 10. September 1953	– S. 197 *Die 7 Tage*, 18. September 1953	– S. 197

Danke

Unser Dank gilt Corinne Pulver, Marc-Tell Schmid,
Veronica Ferres, Horst Janson, Gunter Fette, Gunnar
Möller und dem kürzlich verstorbenen Hans-Dietrich
Genscher sowie Hans-Peter Reichmann vom Deutschen
Filminstitut Frankfurt, Hans Zurbrügg vom Hotel Innere
Enge in Bern, Dr. Constanze Neumann, Julia Strack und
Daniel Kampa – stellvertretend für das gesamte Team
von Hoffmann und Campe – sowie Christine Drews,
Petra van der Wielen, Melanie Köhne und Achim Pauly ...

... und vor allem: Lilo Pulver!

Das faszinierende Porträt eines Ausnahmekünstlers

Als Didi hat er Generationen von Fernsehzuschauern zum Lachen gebracht. Mit über 70 Jahren übernahm Dieter Hallervorden das Schlossparktheater in Berlin. Und in den letzten Jahren überraschte er viele Millionen Kinozuschauer als Charakterdarsteller. Tim Pröse hat sich auf die Spuren dieses Werdegangs begeben und zahlreiche Gespräche mit Hallervorden und Weggefährten geführt. Entstanden ist eine stark erzählte und persönliche Annäherung an den empfindsamen und selbstkritischen Menschen Hallervorden. Ein Buch, das eine der größten Fragen beantwortet: Wie wird man einfach nur man selbst?

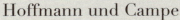